U0605813

解语道德经

清远小鹿 ◎ 编著

九州出版社
JIUZHOUPRESS

图书在版编目（CIP）数据

解语道德经 / 清远小鹿编著． -- 北京 ： 九州出版
社， 2020.8
ISBN 978-7-5108-9310-0

Ⅰ．①解… Ⅱ．①清… Ⅲ．①道家②《道德经》—研
究 Ⅳ．① B223.15

中国版本图书馆 CIP 数据核字（2020）第 129983 号

解语道德经

作　　者	清远小鹿　编著	
出版发行	九州出版社	
地　　址	北京市西城区阜外大街甲 35 号（100037）	
发行电话	（010）68992190/3/5/6	
网　　址	www.jiuzhoupress.com	
电子邮箱	jiuzhou@jiuzhoupress.com	
印　　刷	武汉市卓源印务有限公司	
开　　本	880 毫米 ×1230 毫米　32 开	
印　　张	6.25	
字　　数	130 千字	
版　　次	2020 年 8 月第 1 版	
印　　次	2020 年 8 月第 1 次印刷	
书　　号	ISBN 978-7-5108-9310-0	
定　　价	48.00 元	

★版权所有　　侵权必究★

前　言

　　内心的事物很难具体地表达出来。表达的往往是一种个人感受，是自我的价值判断。无论他如何表达，都很容易产生嬗变和误解。我们很难吸收，吸收了也容易脱离自身实际。内心的事物只能针对当时的情形以当时的语境讲给合适的人听，所以古代的智者都采取述而不作的做法。脱离了他讲述的情形、讲述的语境、讲述的对象，他根本无法保证读者会得出什么样的结论。

　　依然有很多智者想要有所作为，或想抚慰人们的心灵，或想解释世间万事万物，或想让人在痛苦中得到解脱，或想让人的境界得到提升。以文字来表达不可言说的事物，似乎是不可能的事情，然而他们依然找到了方法。那就是使用比喻的写作手法。

　　比喻是根据事物之间的相似点，把某一事物比作另一事物，把抽象的事物变得具体，把深奥的道理变得浅显。人的内心本不可言说，然而他们通过对比喻近乎极致的运用，将我们的内心表达得淋漓尽致。

比如诸子百家，其思想光辉灿烂，其文字至今都在让我们仰望。他们用一个个故事或者简单的事物隐喻我们的世界，让读者在生活中感受作者用文字造就的情境，达到感同身受，触类旁通的目的。

　　用比喻的手法可以达到文字本身无法达到的高度，可以描述不可言说的内容。但所借用的事物往往生硬粗糙、晦涩难懂，让人不知所云。

　　老子写的《道德经》即是如此。老子使用了大量的比喻来表达他的内心。笔者可以确认的是，老子对于内心的表达已经到了无法逾越的高度。人的本质在2000多年前，在当代，在2000年后都没有什么差别，《道德经》可以指导诸子百家，也可以指导当代的我们，同样也可以抚慰千百年后人们的心灵。同时，老子的意境绝顶凌云，老子的表达纵横交错，我们在阅读的时候，如果不能从老子所借用事物本身跳出来，所理解的内容始终无法印证或适从。

　　然而当代世事的庞杂、信息的便捷、文字的丰富乃至读者思想的自由和对价值的追求，给了我们历代以来都难以想象的机遇，我们可以从更加宽广的视野去思考道德经的内涵。只要我们理解了《道德经》文本的意思，就可以去推断其想要比喻成什么；只要我们感受到了其比喻的事物，就可以琢磨字里行间的意思。直至循环往复，将其思想串联成型。

始终需要知道，老子写的文章不是故弄玄虚，而是在给我们展示一些东西。关键是要找到解读的这一把钥匙。

笔者以老子帛书甲本为《道德经》的原本，基本按照《道德经》分章的习惯进行分章。将"道"理解为我们的人生，在物则为轨迹。"德"则是在人生中符合轨迹的行为。全书分为人生篇、处世篇、价值篇、实现篇四个篇目，基本上可以做到前后相连、脉络清晰、理气贯通。

当然，笔者这一过程并不是将《道德经》提炼提升的过程。《道德经》堪称完美。笔者只是结合自我的理解和当下的用语，对其进行粗浅的解释。笔者所列的标题及篇目提纲更加只是辅助，只是便于理解《道德经》。如果放弃场景的感悟，却求诸理性的总结，那无异于缘木求鱼、水中捞月。

《道德经》能够成为经典中的经典，不仅在于其阐述的关于我们的心灵，也在其表达的方式确保了在历史传承中永不过时。《道德经》的解释是开放性的，在不同的时间、不同的情形、不同的语境，会得出不同的结果。笔者以人生为道能够让《道德经》的脉络更加清晰，理解更加顺畅，但同样限制了解释的开放性。然而能够撷取这一枝鲜花，笔者已经感到自傲。也许在有的读者看来所讲述的只不过是心灵鸡汤，但笔者同样相信已经阐述了我们内心极为隐秘的部分，能够对感同身受者予以帮助，希望读者能够鉴别。

4

目 录

I

Ⅲ

IV

V

第一篇

人生篇

真正的德行需抛弃外在的浮华，真实的自我胜过一切外在的架构，自我的人生只能靠自己去体会。

——题记

如何走好自我的人生。需以辩证的方式看待事物的变化，一味地增益事物不一定有好的结果，放弃了成见才能达成更好的效果；需明白事物的取舍才能更加长久，保持青葱的心态才能正确地应对世事；需知贪欲是我们最大的敌人，我们真正追求的并不是外在的事物。

我们只是在消磨心中的成见去迎接这个世界，我们所做的一切不过是为了自己心性的历练。

梳理了世事才能找到正确的选择，所谓的道其实是事物演化自然形成的轨迹，谨守自我的轨迹就是最好的发展，认真对待生活才是符合轨迹的做法。

并无其他，我们要做的是在每一件事上磨砺找到应对世界的方法，在环境的复杂中找到属于自己的位置，在世事变化中去感知只属于自己的人生。

第一章

真正的德行需抛弃外在的浮华

上德不德，是以有德；下德不失德，是以无德。上德无为①而无以为也。上仁为之而无以为也。上义为之而有以为也。上礼为之而莫之应也，则攘臂而扔②之。故失道。失道矣而后德，失德而后仁，失仁而后义，失义而后礼。夫礼者，忠信③之泊④也，而乱之首也。前识者，道之华⑤也，而愚之首也。是以大丈夫居其厚而不居其泊；居其实不居其华。故去彼取此。

解字：
①无为：内心无成见、无偏见。②扔：牵引。③忠信：真诚、信任。④泊：停泊、漂泊。⑤华：浮华。

解文：
好的德行并不遵从外在的德名，如此才是真正的德行。差的德行以外在的德名为遵循，如此却是无德的行为。

好的德行并无对外界的成见，不会以心中的成见来应对事物；好的仁行有着对外物的成见，却不会以心中的成见来应对外物；好的义举既是对外物的成见，也会以心中的成见来应对外物；好的礼仪在以成见应对外物时，往往无法得到别人的响应，只好伸出胳膊拉着人服从。这时候，他的内心已经为成见所束缚，失去了属于自己的人生。

当人无法感知自己的人生，往往纠缠于行为的是非对错；当人无法判断行为的对错，往往倾向于行为的亲善仁和；当人得不到对等的回应，往往追求行为中的公平正义；当人发现所谓的公义并不可靠，往往紧随社会中的礼仪规范。

等到礼仪这一步，他其实已经失去了生命的真诚和信任，成为紧随外在规则的无根之萍。

我们希冀在仁行、义举、礼仪中找到人生的依据，却不知道所有的这些都是浮华之物，是导致我们愚昧的开端。所以大丈夫要坚持人生的厚重而非四处地漂泊，要坚持人生的本质而非浮华。需要做的就是抛弃外在的皮毛，抓住内心的根本。

解意：

世界总是给我们灌输一些认知，遵守了就是有德，违背了就是失德。然而世界所灌输的是否真的如此重要。我们成功与否是否只能以此为判断。

事实上，外界的一切概念、一切观点、一切认知都不值得我们毫无保留地服从。它们只是某些人在某些时候对某些事物的看法，与我们的际遇无关，也与事物本身无关。

当我们拘泥于那些成型的认知，其实就形成了对世界的成见。当我们以成见来看待事物，其实已经对自己的行为形成了限制。当我们以成见来处理问题，其实所作的行为已经偏离了方向；当我们以成见为规则，强令人服从，其实已经成为恶行，走向正确的反面。

要知道，世事并无定论，德行亦无定法。我们的行为并不是要迎合外界的仁义德名，也不是要活成别人所希望的样子。如此的做法并不能带来什么，只会让我们与世界的真实心生隔阂，走向愚昧和浮华，走向虚伪和沉沦。

要知道，我们生存于世界，并不是为了别的，只是为了走好自己的人生，为了感受生命的精彩。只有抛弃外在的浮华，遵从自己的内心，才做作出适合自己的德行；只有面对世界的真实，不断地摸索前行，才能走出属于自己的人生。

第二章

真实的自我胜过一切外在的架构

昔之得一者，天得一以清，地得一以宁，神得一以灵，浴①得一以盈，侯王得一而以为正。其致之也，谓天勿已②清将恐裂，谓地勿已宁将恐发，谓神勿已灵将恐歇，谓浴勿已盈将恐竭，谓侯王勿已贵以高将恐蹶。故必贵而以贱为本，必高矣而以下为基。夫是以侯王自谓孤、寡、不穀。此其贱之本欤？非也。故致数③，与④无与。是故不欲禄禄⑤若玉，硌硌⑥若石。

解字：

①浴：带水之谷，引申为溪谷。②已：无休止、无节制。③数：推算。④与：交接，此处可理解为获取。⑤禄禄：珍贵。⑥硌硌：同"砾"。

解文：

以前那些能够始终如一的事物。天空因为始终如一而清朗，大地因为始终如一而安宁，精神因为始终如一而清灵，溪谷因为始终如一而盈溢，君王因为始终如一而高贵。

如果事物追求这种纯粹到达极致，就有如下后果：天空无休止清朗就会崩裂，大地无休止安宁就会震动，精神无休止清灵就会消失，溪谷无休止盈溢就会干涸，君王无休止定位为高贵就会摔倒。

所以任何高尚、高贵的事物必然是以平凡、低贱为基础。君王平时自称孤、寡、不穀，他们的表现就真的低贱吗？自然不是。所以推算到极致，我们得到，或者没有得到，其实是一样的。我们不应该自视为珍贵的玉石，而应该是普通的石头。

解意：

无论我们拥有何种财富、地位或者荣誉，其实都只是我们人生中的某种印记；无论我们有何种理解、观点或认知，其实都只是自我构筑的某种框架。我们拥有的似乎成就了自己，让我们站在了某种高峰，事实上，所有的一切都与真实的自我毫无关系。

一切都是外在，所拥有的只是自我的人生。一切终将改变，最终需要面对的只有自我的真实。

不必在意拥有多少外物，这些外物并未真正属于自己，我们只是在应对外界中寻找自己的路径；不必在意自我品位，这些品位与别人毫无关系，我们只是在选择中寻找自己的方式；不必在意已有的成功，这些成功只是过眼的云烟，我们只是在修持中进行着人生的历练。

只有看淡，方可醒悟；只有沉淀，方可精进。放下所有的清高，驱除一切的优越，去触摸周边的人事，去发生自己的行为，去展现自己的性情，去寻求自我的圆满。如此就已经足够。无论我们得到或者没有得到，拥有或者没有拥有，我们已经拥有了一个只属于自己的世界。

第三章

自我的人生只能靠自己去体会

上士闻道，堇①能行之。中士闻道，若存若亡。下士闻道，大笑之。弗笑，不足以为道。是以建言有之曰：明道如费②，进道如退，夷③道如类④。上德如浴，大白如辱⑤，广德如不足，建德如偷，质真如渝⑥。大方无隅⑦，大器免成，大音希声。天⑧象无形，道隐无名，夫唯道，善始且善成。

解字：

①堇：小，小心翼翼。②费：目不明也。③夷：捉摸不透，无法把握。④类：类似，相似。⑤辱：埋没。⑥渝：变。⑦隅：角落，边角。⑧天：客观世界。

解文：

智者学道，审慎施行。常人学道，半信半疑。庸人学道，大笑之，不笑尚不足以证明道的精微。在这里谈一下对人生的体会。

通晓人生的人内心明了言行像在摸索，内心精进言行像在退缩，内心求索言行像随大流。洞彻世事的人虚怀若谷，包容万物；事理通达，看似泯没；德行宽广，看似无知；立德厚实，看似取巧；性情朴实，看似多变。

最贴近情理的运作没有被遗忘的角落；最贴近需求的器用没有人可以雕琢成型；最贴近人心的言辞只需那么寥寥数语；最贴近真实的刻画没有人可以作出定论。

人生的轨迹无法用既定的名目进行阐述。置身于自我的道路，人生才会自始至终形成一个圆满的过程。

解意：

我们眼观世界，可以得到无数信息。似乎每一种都很有道理，似乎每一种都充满了矛盾；似乎每一种都值得学习，似乎每一种都与我们毫不相干；什么是真假，什么是对错，世事的繁杂常常使我们无从选择。

其实，我们所看到的只是外在的逻辑世界。既非客观的全面，也非客观的真实。

我们来到这个客观的世界，只能通过思考去做出正确的判断。当我们理解事物的情理，期待我们的结果，要知道所有因素都在推动着事物的运作；当我们迎合世界的需求，实践自己的人生，要知道大器之才绝非社会的教化所雕琢成型；当我们渴求心灵的抚慰，鸣奏世事的旋律，要知道引起我们共鸣的表达只有那么寥寥数语；当我们沉入世界的真实，刻画具体的场景，要知道没有人有资格做出任何倾向性的定论。

所以，我们需要做的就是放弃外界定势而粗暴的评价，放弃外界单向而绝对的雕琢，放弃外界肤浅而空洞的解说，放弃外界情绪而肆意的诱导。

不要让别人的思想占据了自己的大脑，真正的思想只能驻扎在我们心里。自己的人生只能靠自己去体会，自己的世界只能靠自己去摸索。

　　有的时候拒绝了机会，其实我们知道自己人生的方向；有的时候放弃了争取，其实我们明白自己真正的需求；有的时候跟随大流，其实我们正在不断地跨越。

　　有的时候包容外物，其实我们已经洞彻了世事演变；有的时候自甘埋没，其实我们已经做了最好的表达；有的时候不通情理，其实我们有着自己独立的思路；有的时候投机取巧，其实这只是我们实现的途径；有的时候立场多变，其实这只是我们从心而发的角度。

　　没有人、没有事物可以对我们的人生做出定论。置身于自我的世界，从自我的角度来观察外在，以自我的方式来处理世事，我们才能够不断地摸索出属于自己的道路，才能不断地发现客观世界中的真实，才能不断地体会到新的风景和光彩。

第四章

以辩证的方式看待事物的变化

反也者，道之动也；弱也者，道之用也。天下之物生于有，有生于无。道生一，一生二，二生三，三生万物。万物负阴而抱阳，中气以为和。

解文：

轨迹运动的方向，总是在矛盾之间变化；我们所发生的作用，只能去顺应轨迹的变化。我们对事物的认识，来源于所面对的客观存在；我们以对外界的探索，不断地扩充人生的承载，不断地丰富自己的世界。

每一样事物的轨迹都是客观而独立的存在，总能找出其运行中辩证统一的矛盾双方。事物的呈现，都是在其矛盾转化中的一个截面。

事物剥离旧有的躯壳，萌发新生的血肉，事物的状态就是新旧更替中动态的和谐，这种状态就是最为符合事理的状态。

解意：

　　每一样事物都是一道独特的轨迹，每一样事物都呈现出不同的风景，每一样事物都沿循自我的道路变化发展。要理解这就是事物本来的面目，就是事物无比精彩的所在。

　　细心去观察，事物的运行就是辩证统一的矛盾转化。事物随着内外的因素不断做出调整。剥离旧有的躯壳，萌发新生的血肉。其间的状态就是最符合事理的状态，其间的变化就是发展中当然的进程。

　　我们认识事物的错误，往往在于只相信事物某个方面、某种结果。要么正确，要么错误；要么向往，要么厌恶。

　　所以，不要去相信事物的一成不变，不变的只是我们观察事物的思维；不要凝固我们与事物的关系，凝固的还有一切变化的可能。

　　所以，需要重新确定物我的关系，重新形成理解世界的方式。我们应该做的，只是顺应事物的变化，截取我们的所需，做出我们的理解，达成我们的收获。

　　我们通过接触当下的种种存在，做出自己的理解，满足自己的需求，达成自己的景愿。我们随着人生阅历的增长，愈加向未知的世界出发。这一过程中，生命的承载不断扩充，世界的存在若般精彩。

第五章

一味地增益事物不一定有好的结果

天下之所恶，唯孤、寡、不穀，而王公以自名也。物或损之而益，益之而损。故人之所教，夕①议而教人。故强良者不得死，我将以为学父②。

解字：
①夕：晚上。②父：初始。

解文：
天下人都厌恶那些孤独、自闭、不好的事物，但王公贵族以这些称谓自称。

对一件事物，我们抑制它可能使它得益，张扬它可能使它受害。所以别人的教诲，须在晚上深入讨论后方可用来教人。

所以一味地增益、劝善别人，不会有好的结果。我们需将这一点作为认知的基础。

解意：

也许会有这样的想法，改变世界，改变他人，成就自我的美名。然而我们是否知道，事物的演化自成轨迹，事物的生机只在它自己，事物发展的真相竟与我们毫无关系。

当我们伸出双手，解决了他人的危机，也许正在抵消他磨砺中的机遇。当我们悄然走开，漠然地等待他人的觉醒，也许他可以爆发出无穷无尽的潜力。

每一个人都是独立的主体，其发展都是作为主体在应对周边的环境。所以，一个人的发展并不是依靠外在的温床，而在于他自行生发的思想和态度，在于他做出的选择和行为。

所以一定要恰当地施加匡扶，一定要审慎地应用教化。在深入地考量后方可得出正确的结论。他人的成功只能是来源于自己的努力，他人的发展只能是自行选择的结果。那些一味增益、劝善他人的行为，既误了别人，也是自身的迷障。

王公贵族自称孤、寡、不穀，是因为他们知道自身的局限。不会好为人师，自以为贵；不会自以为善，广布恩泽。在这个世界做好自己的本分，履行自己的责任，他们的成就就已经圆满，他们的高度就值得仰望。

第六章

放弃成见才能达成更好的效果

天下之至柔，驰骋于天下之至坚。无有入于无间①。吾是以知无为之有益也。不言之教，无为之益，天下希能及之矣。

解字：

①间：缝隙。

解文：

天下最轻柔的事物可以在最坚硬的物体上纵横驰骋。放弃外在的形态可以深入没有缝隙的物体。

我的理解是，放弃对事物的成见优于其他的一切。

在对待事物的过程中，真正放弃理念的教化，放弃对事物的成见，又有多少人能够做到呢？

解意：

要知道，我们的认识只在于当时当地的认识，我们的理解只在于所理解的那一部分。我们永远也无法到达事物的全部，无法用认知真正将事物概括，无法用理念真正将事物定格。

我们以心中的成见去碰撞世事的运作，所得到的必然是拒绝和失败；以既定的理念去格式世事的演变，所得到的只能是迷惑和混乱。

要知道，一切的成见都只是曾经的成功，当下的情景只能靠当下去摸索；一切的理念都只是辅助的手段，真正的方法只能在实践中发现。

处事愈是艰难，愈需要应对以完全自觉的心态；壁垒愈是坚硬，愈需要放弃头脑中的教条。愈坚持轻柔的姿态愈加显现成熟的心态；愈放弃心中的成见愈能收获事物的精彩。

第七章

明白事物的取舍才能更加长久

名与身孰亲？身与货孰多①？得与亡孰病②？甚爱必大费，多藏必厚亡。故知足不辱③，知止不殆④，可以长久。

解字：
①多：重，与轻相对。②病：异常。③辱：埋没。④殆：困顿、衰败。

解文：
声名和自身比较，哪个更值得珍惜；财货和自身比较，哪个更加重要；收获和放弃哪个才属于异常。

过分的喜好必然消耗大量的精力，过多的收藏必然导致大量的浪费。所以知道满足才能够显现物用，知道收敛才能够避免困顿，人生的实践才会长久。

解意：
如何看待事物的取舍。要知道，较之于我们自身，所谓的名声、财货其实并没有那么重要。

我们在这个世界来去一回，所拥有的只是其中的过程。以我们的人生为界，之内就是所需，之外就是累赘。

　　最为珍贵的不是其他，只是我们的人生。要知道人生的所需，以此才能彰显事物的用度；要知道收敛的位置，以此才能避免处境的困顿。

　　当我们无尽地去撮取，去争夺，所得到的与我们并无关系。只是徒然消耗了大量的精力，徒然丢失了美好的情势，徒然浪费了珍贵的时光。

第八章

保持青葱的心态才能正确地应对世事

大成若缺，其用不敝①。大盈若盅②，其用不穷。大直如屈，大巧如拙，大赢③如朒④。躁胜寒，靓胜炅⑤，请⑥靓⑦可以为天下正。

解字：

①敝：衰竭。②盅：空虚。③赢：盈余。④朒：亏损。⑤炅：热。⑥请：求。⑦靓：见青，可喻为呈现青葱。

解文：

真正的圆满看似欠缺，其功能永远不会衰竭；真正的充盈看似空虚，其功能永远不会穷尽。真正的挺立似乎弯曲，真正的工巧似乎笨拙，真正的盈余似乎亏损。

急躁的运动可以克服寒冷，青葱的心态可以克服暑热。只有追求青葱的心态，才能在应对天下事物时达成正当的举措。

解意：

以智慧的眼光看待这个世界：真正的圆满看似欠缺，然而这欠缺预留着发展的余地；真正的充盈看似虚空，然而这虚空吸纳着更多的物质。真正的挺立看似弯曲，然而这弯曲牢牢扎根于现实。真正的工巧看似笨拙，然而这笨拙隐藏着无尽的内涵。真正的盈余看似亏损，然而这亏损赢得了更大的生机。

世上没有纯粹的圆满，没有纯粹的充盈，没有纯粹的挺直，没有纯粹的工巧，没有纯粹的盈余。所谓的纯粹只是我们臆想出来的顺畅，只是我们目光浅视下的执拗。

万物都在不断变化，所谓的圆满其实是当时当地的契合。只有理解了当时当地的状况，才能够找出最佳的举措。冬天的寒冷需要用急躁的运动来克服，夏天的暑热需要用青葱的心态来应对。只有保持青葱的心态，才能发现物我的关系，才能感应事物的更新，才能做出恰当的举措。

应对天下万物时，只有保持着青葱的心态，才能发现自我的需求，才能找到自我的位置，才能促成自我的目标。

第九章

贪欲是我们最大的敌人

天下有道，却走马以粪。天下无道，戎马生于郊。罪莫大于可欲，祸莫大于不知足，咎①莫惨于欲得。故知足之足，恒足矣。

解字：
①咎：过失。

解文：
如果天下人都能恪守己道，则可将战马退却，归于农作；如果天下人偏离正道，则生于郊外的马驹，亦将用作战马。

罪过莫大于诱惑我们的事物太多，灾祸莫大于我们的欲望没有尽头，过失莫大于执着于对事物的求取。所以知晓何时满足的满足，才是真正持久的满足。

解意：
当巨大的诱惑摆在面前，这无疑是极大的罪过；当我们的欲望无穷无尽，这无疑隐藏着极大的灾祸；当我们将成败寄托于某种事物的得失，这无疑会造就极大的过失。

　　由此可见，需要去理解自己的轨迹。不追求不属于自己的，不妄图生活之外的，不苛求力所不及的，这时候的收获才能得到体现，这时候的满足才是真正的满足。

　　由此可见，需要将贪欲作为自己最大的敌人。不顾自身的状况，脱离当下的轨迹，一味地向外求取，所得到的并不能真正满足自己，所失去的也将越来越多。

第十章

真正追求的并不是外在的事物

不出于户，以知天下。不窥于牖①，以知天道。其出也弥远，其知弥少。是以圣人弗行而知，弗见而明，弗为而成。

解字：

①牖：窗户。

解文：

不通过出门寻访，去感知天下的事物；不通过偷窥于窗户，去理解世界的运行。

向外在求取得越多，所收获的就越少。所以圣人不依靠向外的求索去获得真知，不依靠向外的观察去洞明世事，不依靠向外的改造去实现人生。

解意：

人生的收获不是外在的积累，如果没有对内心的感知，一切的收获都将毫无意义。

世界的运行不是事物的累积，如果没有对道理的体悟，一切的理解都将陷入定式。

当我们奋力地向外追寻，也许我们并不知道，我们所争取的越多，我们的感知就愈加淡薄，我们的体悟就愈加混杂。

当我们耗尽了所有精力，也许我们并不知道，我们只是在用繁忙躲避内心的空虚，只是在用教条替换真正的事理。

智者才会知道，应该追求什么，放弃什么；应该理解什么，忽略什么。所谓的外在并不意味着我们真正的追求；所谓的现象并不意味着事物真正的意义。

真正的追求不是外在的行为，而是行为中显现的自我。真正的事理不是眼见耳闻，而是内心对事物的感受。真正的成功不是外表的改变，而是自我生命的进阶。

第十一章

消磨心中的成见去迎接这个世界

为学者日益，闻道者日损。损之又损，以至于无为，无为而无不为。取天下也，恒无事；及其有事也，不足以取天下。

解文：

学习知识是日益增多，领悟人生却日益减损。减损到极限，我们就不会执着于心中的成见。放弃心中的成见去成就全然的自己，去搏击世界的巨浪，去感受世界的精彩。

须知天下本无事情，万物的因果自行承担。我们的行为只能代表自己，世界上发生的一切，又如何需要我们来背负。若受缚于外物的因果，人生的实践又如何得以长远。

解意：

也许我们并不知道，万物运行自有其轨迹，一切的世情冷暖、善恶曲直都只是轨迹所呈现的征象。万物的存在因果自担，甘苦自尝，万物的发展高低起伏，其实与我们并无关系。

经历了世事，才能发现世界的冷漠。世界从不为任何人驻足，也不拘于任何的形式。

　　要相信，我们的存在只是为了自己。我们所做的一切，只是在走进这个世界，与世事共生，与浪潮共舞。在世事演变中找出自我，在一路征程中感受精彩。

　　要相信，世上本无事，庸人自扰之。一切的一切，都是生命中所要面对的当然。我们的成见并不能带来什么，只是将我们与真实相隔，只是造就我们前行的障碍。

　　没有什么是不能做的，没有什么是必须要做的。真正要做的，只是消磨心中的成见，迎接当下的世界，去寻找，去摸索，去追求。

第十二章

我们所做的一切不过是为了心性的历练

圣人恒无心，以百姓之心为心。善者善之，不善者亦善之，得善也。信者信之，不信者亦信之，得信也。圣人之在天下，歙①歙焉，为②天下浑③心。百姓皆属耳目④焉，圣人皆孩之。

解字：

①歙：收缩、聚集。②为：做、从事。③浑：混合。④耳目：耳闻目见的事物。

解文：

并不是说，圣人有着特别的心性，他的心性和百姓的心性其实是一样的。他会善待好人，也会善待恶人，以此成就了心中的善念。他会对诚信的人诚信，也会对撒谎的人诚信，以此成就了心中的诚信。

圣人在世界行走，会把世事归拢起来，坚守和历练自我的心性。百姓所驻足的只是他们的耳闻目见。在圣人眼中，他们对世界的理解就像任性肆意的孩童一样。

解意：

我们不知道，世事激荡中，所求取的并不是物质的所得，并不是外在的收获，并不是人们的赞誉或赐予的光环。所求取的是自我是否得到坚守，因为坚守的是我们的世界；所求取的是心性是否得到历练，因为历练的是自我的人生。

一切的是非成败只在于我们自己。当我们失去了自我，一切的外在都将毫无意义。当我们守住了自我，其实守住的是整个世界。

人们的缺陷在于局限于耳闻目见。受世事侵扰，为环境诱惑；计较于得失，悲喜于苦乐。追逐着外在的一切，却抛弃了最为珍贵的自我；为眼前的事物所左右，却让自己的心灵在游荡。

圣人之所以不同，就在于他们专注于心性的历练。一者驻足于耳闻目见，一者去体会生活中的自我；一者为世界所左右，一者在世界中磨砺自我的心性；一者执着外在的于得失，一者求取于生命的成败。

第十三章

梳理了世事才能找到正确的选择

出生，入死。生之徒十有三，死之徒十有三，而民生生①，动皆之死地之十有三。夫何故也？以其生生也。盖闻善执生者，陵②行不避兕③虎，入军不被甲。兕无所投其角，虎无所措其爪，兵无所容其刃，夫何故也？以其无死地焉。

解字：
①生生：过度求生。②陵：丘陵。③兕：犀牛。

解文：

从出生到死亡，寿终正寝的有十分之三，中途夭折的有十分之三，以过度求生之欲望，行逆生之死地的人有十分之三。为何？就是因为他们过度求生导致周边都是死局。

曾听过能够把握命运的人，野外行走不会惊扰猛兽，进入军营不用穿戴铠甲。这样，虎豹无从伸其利爪，士兵无处使其兵刃。为何如此？就是其以顺生而摆脱了周边的死地啊。

解意：

面对生命的险阻，无数人奋起抗争，以自我的力量去打破周边的牢笼，求取自我的生机。然而我们是否知道，世界的壁垒是如此坚硬。一厢情愿地破除规则，只会导致更大的反噬，只会陷入无数的死地。

我们所看到的成功，从来就不是强大的意志力所致。所谓的成功只是暗合了某些机遇，只是迎合了某种需求。在他们的身旁，更多的人被撞得头破血流，伤痕累累。

要相信世界自有其格局，有其所需，有其赘余。若我们的行为不能契入世界的圆缺盈亏，又何来世界的垂青。

我们所能做的就是，放弃主观的执念，放弃欲望的膨胀。沉下心来，认真地理解世事的运势。只有我们梳理了世事的变通，才能做出正确的选择；只有我们迎合了世界的需求，才能找到命运转折的关键。

第十四章

所谓的道其实是
事物演化自然形成的轨迹

道生之而德畜①之，物刑之而器成之。是以万物尊道而贵德。道之尊，德之贵也，夫莫之爵②，而恒自然也。道生之畜之、长之遂③之、亭④之毒⑤之、养之复⑥之。生而弗有⑦也，为而不恃也，长而弗宰也，此之谓玄德。

解字：

①畜：养育。②爵：封爵。③遂：成。④亭：安定。⑤毒：毒害。⑥复：更新。⑦有：占有。

解文：

事物总是循着自身的轨迹，作出恰当的行为；事物总是被环境所刻造成型，在外界的空间中生发成长。

所以，事物所需注重的是自己的轨迹，所应推崇的是恰当的行为。其尊贵在于它们是事物内外交互中自然作用的结果，而不是某种让人仰望的概念。

事物的演化沿循自身的轨迹。轨迹是事物生发的依据，也是事物育养的襁褓；使事物成长，也使事物成功；使事物安定，也使事物掣肘；使事物长养，也使事物更新。

以此，我们知道了万物演化的因由，从而了解我们行动的界限。处理事物时孕育它，却不占有它；栽培它，却不倚仗它；发展它，却不主宰它，这才是精深微妙的德行。

解意：

我们应该理解：事物的演化总是循着自身的轨迹，作出恰当的行为，在内外交互中自然地发展成型。内外的因素造就了事物的属性，恰当的行为积蓄着成长的力量，利害的关系刻画了事物的走向，交汇的空间提供了事物展现的舞台。

一切的发生都是事物自然而然的成长，一切的因素都化为轨迹中的养分或者毒药。主观的愿望并不能改变外在的事实，外在的干扰也无法改变事物的属性。

当我们与事物发生交集，需考虑物我之间的关系；当我们作出自己的行为，考虑我们所发挥的作用。

我们可以孕育事物的生机，却不能以此认为可以占有它；我们可以发挥我们的作用，却不能以此认为可以倚仗它；我们可以促使事物长养，却不能以此认为是自己主宰了事物的成长。

事物在内外的交互中自然地发展成型。我们无法占有它，只是在与事物形成某种交契；我们无法倚仗它，只是在撷取利于我们的因素；我们无法主宰它，只是事物轨迹中的某种外力。明白了这些，我们的行为才能够达到精深微妙的程度。

第十五章

谨守自我的轨迹就是最好的发展

天下有始，以为天下母。既得其母，以知其子，复守其母，没身不殆。塞其闷①，闭其门，终身不堇②。启其闷，济其事，终身不棘③。见小曰明，守柔曰强。用其光，复归其明。毋道身殃，是谓袭④常。

解字：

①闷：心门。②堇：同"仅"，少。③棘：小枣丛生者。
④袭：沿袭。

解文：

天下事物都有其因由，这因由就是其存在的依据。知道事物的依据，就可以找出其发展的脉络。谨守事物的依据，终生不会受到外界的侵害。

切断纷乱世事的烦扰，守住身心的大门，就能够把握发展的主流，收获丰富的一生。迎合纷乱的世事，打开身心的防守，掌握的只是细枝末节，连肤浅而凌乱的收获都不可得。

34

知晓行为的依据，哪怕它是微不足道的，也可称为清明。守住自己的身心，哪怕它是柔弱的，也可称为坚强。当我们体验人生的光彩，须时时守住内心的清明。

不谨守自己的轨迹就会带来灾祸，这就是生命中需要牢记的箴言。

解意：

任何事物的产生都不是无缘无故的，事物的产生来源于世事演化中的需要。把握世事的需要，就能够准确地定位自己，从而找出未来的方向。

越往后走越需要把眼光收回来往前面看。有什么样的因才能结出什么样的果，抓住事物的因由才能抓住事物的方向。

世界之大以至于我们常常忘却自己属于哪里。美慕世界的五彩斑斓，却成为世界的配角；迎向世界的宽广无垠，却让我们逐渐地走向迷茫。

收回自己的身心吧。不要看轻自己，也不要美慕他人，无论外界的变化如何，都与自己毫无关系。轻易地走出去，看似走进了更大的世界，其实只是走进了虚幻的泡沫。

要相信，无论我们该做什么、能做什么，都是由我们脚下的土地所决定的。守住了自己的轨迹，无论其多么微小，都可以称为清明；无论其多么柔弱，都可以称为坚强。

驯服于自己的轨迹，就能获得世界的回报；脱离了自己的轨迹，所造就的只能是失落和灾祸。

第十六章

认真对待生活才是符合轨迹的做法

使我介^①有知也,行于大道,唯他^②是畏。大道甚夷^③,民甚好解^④。朝^⑤甚除^⑥,田甚芜,仓甚虚。服文采^⑦,带利剑,厌^⑧食,货财有余,是谓盗^⑨、夸^⑩。盗夸,非道也!

解字:
①介:古指铠甲,引申为界限。②他:它,其他。③夷:视之而弗见。④解:分析。⑤朝:早晨。⑥除:废弛。⑦文采:华服。⑧厌:沉溺。⑨盗:盗贼。⑩夸:浮夸。

解文:
如果问我所确信的,走在人生的大道,最应提防的是那些与自我并无关系的事物。真正的人生并不是我们眼见的舒适安逸,常见的错误是追求那些表面的浮华。

他们浪费美好的晨光,废弛荒芜的桑田,无视空虚的仓库,却整天穿着华服,腰间佩戴着利剑,沉溺于精美的饮食,满足于丰厚的财物。这种做法是盗贼,也是浮夸。绝非正道所为。

解意：

很多人向往一劳永逸，很多人喜欢安逸舒适，很多人满足于丰衣足食，很多人求取于富贵荣华。

事实上，所有的这些都不是人生。我们来到世上，并非为了外在的舒适或者丰厚、美好或者潇洒。我们追求衣食，但人生并非为了衣食；我们向往安逸，但人生并非为了安逸；我们在比较中定位自己，但人生并非为了攀比；我们潇洒中发现乐趣，但人生并非为了潇洒自在。

没有事情是无缘无故的，一切的发生都有某种道理，认真对待生活才是符合轨迹的做法。我们所面对的一切都是人生的构成，所有的经历都是我们感受世界的过程；我们所做的一切都是在践行人生，无论结果如何都属于心性的某种历练。

单纯地享受着安逸，却虚度着珍贵的光阴，逃避着应尽的事业，消耗着自我的根基。如此的行为，其实是对人生概念的窃取，是对人生浮夸的态度，绝不是真正的人生。

第十七章

在每一件事上磨砺
才能找到应对世界的方法

善建者不拔^①，善抱者不脱，子孙以祭祀不绝。修之身，其德乃真。修之家，其德有余。修之乡，其德乃长。修之邦，其德乃丰。修之天下，其德乃博。以身观身，以家观家，以乡观乡，以邦观邦，以天下观天下。吾何以知天下之然哉？以此。

解字：
①拔：拔出。

解文：
善于建设的不会把基础推倒，善于融合的不会脱离环境，家族用心祭祀祖先才能福泽绵延。

如果我们把这种方法用在自己身上，德行就会显得真实自然；运用到家族，德行就会显得绰绰有余；运用到乡里，德行就会显得宽广长远；运用到国家，德行就会显得丰茂昌盛。运用到天下，德行就会显得广博深厚。

我们以自己的际遇来确定自我，以家族的状况来思考家族，以乡里的状况思考乡里，以国家的状况思考国家，以天下的状况思考天下。我为何知道天下万物所呈现的状态，就是以此。

解意：

要相信，世界是当下的世界，人生是当下的人生。一切的过往都已成往事云烟，一切的将来都只是大脑中的想象，一切与当下无关的都叫作不合时宜。

我们对世界的一切认识，都只能从当下去寻找，其余的与我们并无关系。

当我们修行于当下的家庭，才能发现处理好家庭关系的德行；当我们修行于当下的事业，才能发现在事业中进步的德行；当我们修行于当下的社会，才能够发现理解社会现象的德行；当我们修行于当下的世界，才能够发现应对这个世界的德行。

也许我们可以学习别人的经验，可学习的只是陈年的谷粒。也许我们可以逃避当下的世界，可逃避的还有自己的人生。

将人生当作是一场修行。沉入当下的生活，在每一件事上磨砺，无论在何种环境、何种际遇。根据当下的情景，做出自己的选择，无论是求是舍，是进是退。

以此，所得出的认识才是真正属于自己的认识，所做出的行为才是适合自己的行为。以此，我们不断地接触更多，不断地承载更多，不断地实现，不断地成长。

第十八章

在环境的复杂中找到属于自己的位置

含德之厚者，比于赤子。蜂虿①虺蛇弗螫②，攫鸟猛兽弗搏③。骨弱筋柔而握固，未知牝牡④之会而脧⑤怒，精之至也。终日号而不嗄⑥，和之至也。和曰常，知常曰明。益生曰祥，心使气曰强，物壮即老，谓之不道，不道早已。

解字：
①虿：蝎子。②螫：咬刺。③搏：捕捉。④牝牡：雌雄。⑤脧：生殖器。⑥嗄：气逆。

解文：
具有深厚德行的人，就像天真的婴儿，蛇蝎蜂虫无法咬刺，猛禽凶兽无法捕捉。婴儿看上去骨弱筋柔，手掌却能固握。不知道男女交媾，生殖器却能顺利勃起，这些就是精气牢固的原因。整天哭嚎却不导致气逆，这是内外调和的原因。

保持内外调和才是人生的常态，知道人生的常态可谓清明。

知道如何益于自己自然是好，也要知道用内心去控制情绪才算坚强，只为自我的壮大则容易衰老，因为脱离了自己的轨迹，只会更早地走向终结。

解意：

也许最好的状态是像婴儿一样，无论自己拥有多少，都对世界充满热情；发生自己的行为，却不会背离自己的想法。像婴儿一样，无论是多么地柔弱，都能发挥出完整的力量；做出自己的言行，却不会引起周边的恶意。

要知道我们的一切心愿、一切期望、一切憧憬，都是在与外界的互动中实现。与外界调和才是生活的常态，与外界和解才是我们最终的目的。

所以坚强的人会控制自我的情绪去寻找自己的位置。脆弱的人才会枉顾外在的情况，张扬着自我资本，去逞一时的强势。

明白了这些，我们就能找到内心的清明。无论我们处于何种状态，都要学着在环境的复杂中找到自己的位置，在与外界的调和中寻找行为的答案。那些只知道张扬自身的人，其实正在慢慢脱离自己的轨迹，更早走向自我的终结。

第十九章

在世事变化中感知只属于自己的人生

　　知者弗言，言者弗知。塞其闷，闭其门，和其光，同其尘，挫其锐，解其纷，是谓玄同。故不可得而亲也，亦不可得而疏；不可得而利，亦不可得而害；不可得而贵，亦不可得而贱；故为天下贵。

解文：

　　理解何为人生就不会去表达自己的人生，表达自己的人生其实并未理解何为人生。

　　切断世事的纷扰，关闭身心的大门；隐没头顶的光环，归为众生的微尘；磨去身上的棱角，散去身上的光彩，以此融入当下的际遇。

　　不可因为自我的际遇而亲近，亦不可因为际遇而轻慢；不可因为际遇而以为利，亦不可因为际遇而以为害；不可因为际遇而以为贵，亦不可因为际遇而以为贱。

　　如此才会在众生中显现自我的珍贵。

解意：

不要去倾诉自己的人生，我们的人生与他人毫无关系。不要向外界寻找人生的答案，一切的评价都是对人生完整性的破坏，一切的回应都存在相应的偏颇。

要知道，我们的人生只能属于自己，一切的定义只能由自己去把握。自己感知到的才属于自己的人生，除此之外的一切都与我们毫无关系。

不要让外在的世事干扰我们的人生，不要让思维的框架束缚我们的人生，只会对我们的感知造成妨碍；不要让头顶的光环迷惑我们的人生，不要让外在的身份构筑我们的人生，只会将我们销蚀成光鲜的躯壳。

不要让自以为是的个性误导我们的人生，不要让丰富多彩的事物充斥我们的人生。

一切都是多余的，唯一所确认的只是我们对世界的感知。

放弃一切的外在，用心去感知这个世界。要相信，重要的不是外在的亲疏，而是自我的行为；重要的不是外在的利害，而是自我的选择；重要的不是外在的评价，而是自我的感知。

如此，我们才能够发现自我的存在、自我的价值、自我的高度。

处世篇

　　治理的关键在恰当的行为去解决问题，行为的善恶
是非只在于当时当地的情势。

——题记

　　如何把握处世的方式？需珍惜当下的拥有才能拓展
更好的将来，理解外物的轨迹才能找到自我的坦途；需
保持谦卑的态度才能更好地发展，符合轨迹的行为才是
对外的最佳方略；需着眼于当下的事情才能成就事业，
抓住事物的细节才能跟上事物的变化，从事物本身的需
求出发才能实现治理的效果；需处下才能够显现更高的
境界，回到事物的本身才能得到真正的幸福。

　　人生的内涵只在于生活中的实践，人生的进阶需以现
实为依托。纠结于外界的争斗毫无意义，我们的武力只在
于防止别人的侵犯。我们需要做的，只是从自我的角度出
发确立自我的价值，在实践中去感受只属于自我的人生。

　　需知道行为的界限才能够避免灾祸，心存底线的人
才能够赢得生机；需将除恶的职责交给专门的司法机构，
做力所能及的事情才是贤明自重；需保持柔弱的姿态才
能够占据优势，放弃多余之物才能够轻装前行。

　　归根结底，我们终究会发现，一个人的尊贵在于他
所承担的重量，自己努力的所得才是上天真正的奖赏。

〔第二十章〕

治理的关键在用恰当的行为去解决问题

以正治邦，以畸用兵，以无事取天下。吾何以知其然也哉？夫天下多忌讳，而民弥贫。民多利器，而邦家兹①昏。人多知，而何物②兹起。法物兹彰，而盗贼多有。是以圣人之言曰：我无为也而民自化，我好静③而民自正，我无事民自富，我欲不欲而民自朴。其政闷闷④，其民淳淳⑤。其政察察⑥，其民缺缺⑦。

解字：

①兹：如此，这样。②何物：无论什么物。③静："争青"，即追求初心。④闷：沉闷。⑤淳：淳朴。⑥察：严苛。⑦缺：抱怨。

解文：

以公正执中来治理国家，以诡谲无常来指挥作战，以承认万物的自然演化来看待天下。我何以知道其中的关窍呢？

我看到的现象：人们面对的禁忌越多，生活就越贫穷；

47

人们手中的利器越多，社会就会如此混乱；人们对社会的认知越复杂，奇闻怪事就如此大量产出；社会的律法如此森严，盗贼流民就大量增加。

借圣人的话说：我不以成见刻意作为，民众的生活自然化育；我保持自己的初心，民众的行为自然端正；我不滋生事端，民众凭劳作自然富裕；我追求人们不去追求的，民众的风气自然淳朴。

执政的方式固守成规，民众自然淳朴厚道；执政的方式烦琐苛刻，民众则会报以怨怼。

解意：

我所看到的现象：上位者大量地进行限制，则民众愈加贫困；推行严刑峻法，则盗贼流民大量增加。上位者任由民众争斗，则社会愈加混乱；放任伎巧滋生，则风气愈加败坏。

要知道，治理的要义并不是为了限制治下的空间，只会压逼治下的生存；并不是为了彰示律法的严苛，只会将治下推向反面；并不是一味地顺从和迎合，只会导致治下的失序；并不是别出心裁的花样，只会导致种种奇闻怪事。

作为上位者，其治理的要义是公正执中，是梳理万物的轨迹，平衡万物之损益，调和万物之纷争，弥补万物之所缺。

所以不用设置特定的目标，治下的生活会自行化育。不用去追求事事到位，治下的行为会自行调节。不用规划特定的路径，治下自会寻找致富的机遇。不用把持治下所追求的，治下的风气自会保持淳朴。

一切的行为都是治下做出的选择，一切的发展都是治下自己的努力。上位者需要保持自己的初心，明白自己的本分，去梳理、去平衡、去弥补，用恰当的行为去解决问题，问题自然会得到解决。当上位者自以为贵，去把持、去管控、去引领，治下并不会有所进益，只是上位者会有跌倒的危险。

第二十一章

行为的善恶是非只在于当时当地的情势

祸，福之所倚。福，祸之所伏。孰知其极，其无正也。正复为奇，善复为妖①。人之迷也，其日固久矣。是以方而不割，廉②而不刿③，直而不绁④，光而不燿⑤。

解字：

①妖：邪恶。②廉：锐利。③刿：割伤。④绁：系牛马即为约束。⑤燿：刺眼。

解文：

灾祸中依傍着幸福的萌芽，幸福中又隐藏着灾祸的因由。谁知道两者之间的界限呢？其实并没有明确的边界，在事物的变化中，对的也会成为错的，善的也会变成恶的。人们却往往被一时的正确和善良所迷惑。

所以我们应该保持这样的品行：性格方正但不会割裂事物，锋芒毕露但不会伤害别人，处事直率但不会让人感到约束，成就辉煌但不会使人感到刺眼。

解意：

平和地看待事情，一件祸事有可能会演变成好事，一件好事也可能演变成祸事。如何区分事情的善恶，其实世上并没有纯粹的善恶。一切都在变化中产生，一切都在时局中定位。我们有确凿无误的正确吗，时光流转中却可能变成错误。我们有确凿无误的善良吗？世事变更下却可能成为恶行。

感受当时当地的世事，确立当时当地的对错，施行当时当地的行为。我们所作的一切只适用于当时当地，我们的是非善恶只在当时当地的情势中显现。

一个成熟的人会明白自己行为的界限。只会因时因地发生行为。所以，我们要注意性格的方正不能应对所有情形，不应对世事的演化加以割裂；我们要注意处事的锋芒不一定带来善果，不应对别人造成伤害；我们要注意雷厉的作风不是所有人都能适应，不应让别人感到约束；我们要注意所创造的辉煌必将成为过往，不应让别人感到刺眼。

第二十二章

珍惜当下的拥有才能拓展更好的将来

治人事天莫若啬①。夫唯啬，是以早服②，早服是谓重积德。重积德则无不克，无不克则莫知其极，莫知其极，可以有国。有国之母③，可以长久，是谓深根固柢长生久视之道也。

解字：
①啬：吝啬、爱惜。②服：习惯、适应。③母：基础。

解文：
治事用人须注重啬俭。只有啬俭，才能够尽快地适应环境，适应环境是为事业精心准备。做了精心的准备处事方可得心应手，得心应手以至于未来不可限量。

我们在行动中不断地发展，直至形成巩固的事业空间。我们在事业中紧紧抓住当下的根基，发展才能得以长久。

这就是我眼见的那些宏图大业根深叶茂，历久不衰的原因。

解意：

无论我们从事什么事业，或者开拓什么人生，都要注重珍惜。珍惜拥有的事物，我们才能知道行为的根基；珍惜眼前的际遇，我们才能尽早地适应环境。

我们依靠珍惜最大限度地理解事物，最大限度地应用资源。我们在行动中确认自身的位置，挖掘事物的功用，寻找未来的方向。

并没有别的原因，事业的成功来源于对现实的把握和对资源的操控。我们因为珍惜收获了行动的指南，言行处事就能够得心应手、进退有据。我们因为珍惜事业以此得到持续地拓展，以至于未来无可限量。

把眼光收回来，珍视我们的拥有。那些头脑的框架，只是阻碍我们前行的石头；那些得不到的，并不属于我们考虑的范畴。我们的错误就是纠结于无关之物，以至于忽视了当下的财富。

正视目前的境遇，珍惜自己的拥有，才能迎向艰险的世事，才能巩固事业的丰厚，才能拓展更好的将来。

第二十三章

理解外物的轨迹才能找到自我的坦途

治大国若烹小鲜，以道立天下，其鬼不神。非其鬼不神也，其神不伤人也；非其神不伤人也，圣人亦弗伤也。夫两不相伤，故德交归焉。

解文：

治理庞大的国家就像烹煮小鱼一样，需要小心翼翼，防止烧焦烧煳。

以万物的自然发展看待天下，就会发现事物的诡异之处不再神奇。非但事物的诡异不再神奇，即使以事物的神奇也无法伤害我们。非但事物的神奇不再神奇，即使以圣人的光环也无法伤害我们。

万物都有自己的轨迹。尊重各自的轨迹，就不会互相伤害，这就是恰当的德行所促成的。

解意：

不要轻易地推定事物的轨迹。事物的发展各有其因，各结其果；事物的境地千姿百态，难究其极。

每一样事物都有其独特的成长方式。他人的冷漠自私，只是因为有着更加极端的经历；他人的高傲幼稚，只是因为其阅历更为肤浅。无论其如何表现，都要相信，他们只是在以自己的方式度过人生，沿循自己的因果。

从这个角度去理解，我们就会得到坦然。我们不再惊惧、担心、忧虑。不再被其外在的雕像所吓倒，不再被其所谓的光环所伤害。就算他是圣人，也不会影响到我们前行的方式。

我们要做的只是在交互中感受其运行的轨迹，确认相互的关系，找到自己的坦途。

世事艰难如治理大国，只要我们梳理其轨迹，顺应其需要，一样可以把国家治理得妥妥当当。

这就是万物天然的关系，是世事自然的法则，是我们德行遵循的所在。以此我们的位置就得到了确立，我们的进退就存留了空间，我们的行为就找到了分寸。

保持谦卑的态度才能更好地发展

大邦者，下流也，天下之牝，天下之郊也，牝恒以靓胜牡。为其靓也，故宜为下。大邦以下小邦，则取小邦；小邦以下大邦，则取于大邦。故或下以取，或下而取。故大邦者，不过欲兼畜①人；小邦者，不过欲入事②人。夫皆得其欲，则大者宜为下。

解字：
①畜：畜养。②入事：参与。

解文：
大国应处于谦卑的位置，应该表示雌性的谦卑，应该摆出支流的姿态。雌性往往以其冷静与柔和战胜雄性。因为雌性的冷静，我们常说它们谦卑。

大国与小国的相处中，大国以谦卑的态度面对小国，就能使小国信服；小国以谦卑的态度面对大国，就能被大国所认可。一个以谦卑获得信服，一个以谦卑获得认可。

作为大国，其需求不过是更大限度地管辖人口；作为小国，其需求不过是更大限度地参与邦交。双方都能通过谦卑达到目的，其中主要还是靠大国谦卑的态度。

解意：

世事从来就不是拒绝和抵制。任何事物都是一个运动的过程，有其所需，亦有其所弃。事物与世界交互的过程中，不断地相斥和相融，不断地摩擦和接纳，以此找到共存共生的方式。

所以不要被外物的庞大所吓倒，其庞大也需要汲取普通人的养分。不要轻易拒绝外物的进入，我们也需要得到外物的滋养。

譬如大国，最大的目的是养畜人口。以雌性的谦卑和冷静，更能受到弱者的信服和拥戴。譬如小国，最大的目的是拓展空间，对强者表示尊重和理解，更能够定位自己的角色。

世界的交互即是如此。每个人都有各自的需求，明白自己的位置，找到利益的交汇，就能够求同存异，解决争端，就能够相互依存，共同发展。

当我们愈加强大，愈需要以谦卑的态度面对事物。一己之力并不可取，真正的强大是不安小成，不择细流。以谦卑的态度，才能更好地为自己汇聚力量，才能更好地使自己枝繁叶茂。

第二十五章

符合轨迹的行为才是对外的最佳方略

道者万物之注①也，善人之褒②也，不善人之所褒也。美言可以市③，尊④行可以加⑤人。人之不善也，何弃之有。故立天子，置三卿，虽有拱之璧以先驷马，不若坐而进此。古之所以贵此者何也？不谓求以得，有罪以免欤！故为天下贵。

解字：

①注：注入。②褒：宽大的衣服，形容外在的保护。③市：交易。④尊：高明高雅。⑤加：吸引。

解文：

轨迹是任何事物任何征象的汇集之地。它是善人的防护之物，也是不善人的庇佑之所。知晓事物的轨迹，就可以用有理有据的语言来促成交易，也可以用高明高雅的行为来吸引别人。就算是不善之人，为何要抛弃它呢。

所以国家设置天子、三卿来管理民众，虽持有拱璧驷马的礼仪和威严，还不如好好研究万物轨迹的所在。古人为何尊道重道，不仅可以此收获，也可以此避免罪过。故道学能够列为天下的尊贵学说。

解意：

轨迹的构成来源于生活中的一切因素、一切表现、一切关系。找到了自己的轨迹就找到了行为的凭借，找到了处事的重心。进退就有依据，言行就有分寸。

我们的人生并非其他，唯有道矣。有道即为兴盛，失道则为衰亡。有道即为正确，失道则为错误。无论是善是恶、是优是劣，所应注重的都是自己的轨迹；无论是退是进、是抑是扬、是明是暗，所有的得失都会在轨迹中呈现。

所以，即使是一个不善之人，能够遵道而为，其行为亦可以得到认同和收获。

所以，天下学说，以道学为贵。若要找出为人处世的良药，需知道、顺道、合道。做自己可以做的事情，做自己应该做的事情。符合轨迹的行为才是应对外界的最佳方略。遵从自己的轨迹，自然会有所得，即非如此，也可以此躲避灾祸。

第二十六章

着眼于当下的事情才能成就事业

为无为，事无事，味无味。大小，多少，报怨以德。图难乎其易也，为大乎其细也。天下之难作于易，天下之大作于细，是以圣人终不为大，故能成其大。夫轻诺必寡信，多易必多难，是以圣人猷①难②之，故终于无难。

解字：
①猷：谋划。②难：困难。

解文：
放弃主观的成见去发生行为，尊重事物的因果去处理问题，排除头脑的刺激去品味生活。将大分解成小，将多切割成少。用恰当的行为来化解负面的因素。

做大事业要从细处入手，解决难题要从易处入手。天下难事，要从简易之处做起；天下大事，要从微细部分开端。

所以圣人从不贪图伟业，才能够成就大业。轻易许诺必然难以兑现，轻视问题必然遭遇困难，圣人从艰难之处谋划事情，故能够将困难一一处理。

解意：

发生行为需放弃主观的成见，处理问题需尊重事物的因果，品味生活需排除头脑的刺激。处理大事需分解成可实现的步骤，处理琐事需逐个逐个去落实，化解纷争需用恰当的行为解决。

一个成熟的人，从来不会寄希望于遥远的梦想，言行处事只会着眼于当下的事情。他知道面对当下的事物就是他所需处理的全部，做好当下的事情已经是他能力的全部。

放弃一切的臆想，沉稳地走进这个世界。从简易之处去完成天下难事，从细微之处去处理天下大事，重视事物的每一个问题，谋划事物的每一个关节。

要相信，只有这样才能够找到应对的方法，才能够妥善地解决问题，才能够一步步走出困境，才能逐渐地成就宏图大业。

第二十七章

抓住事物的细节才能跟上事物的变化

其安也，易持也。其未兆也，易谋也。其脆也，易泮①也。其微也，易散也。为之于其未有也，治之于其未乱也。合抱之木，生于毫末。九层之台，作于羸土；百仞之高，台于足下。为之者败之，执之者失之。是以圣人无为也，故无败也；无执也，故无失也。民之从事也，恒于其成事而败之，故慎终若始，则无败事矣。是以圣人欲不欲，而不贵难得之货；学不学，而复众人之所过；能辅万物之自然，而弗敢为。

解字：
①泮：散、解。

解文：
局面安定时容易操持；尚无征兆时容易图谋；事物脆弱时容易分解；事物细微时容易消散。所以处事要在尚未发生时处理妥当；治理要在尚未祸乱时早做准备。

合抱的大树，出生于细小的萌芽；九层的高台，堆积于每一捧泥土；百仞的高山，攀登于每一步台阶。

执着于特定的理念会招致失败，把持于特定的局势会失去所有。圣人不会执着于特定的理念，故不会招致失败；不会把持特定局势，故不会失去所有。

人们处事，常在成功时失败。只有以始终如一的态度面对事物，才不会招致失败。因此，圣人追求人所忽略的，不稀罕奇珍异宝；学习人所轻视的，回归到事物的本身。如此不敢妄加干预，方可在事物的演化中发挥自己的作用。

解意：

任何形势都是逐步演化导致的，任何变局都是逐步侵蚀产生的，任何事物都是逐步发展而成的，任何大事都是逐步积累形成的。

最佳的处事方法就是，在形势稳定时就要细心操持；在局面尚无征兆时就要认真图谋；在事物脆弱时就要加以分解；在小事发生时就要妥善处理。

需要以始终如一的态度去面对事物，如此就不会导致失败；需要追求人们所忽略的细节，如此就能把握事物演化的关键；需要学习人们所轻视的问题，如此就能抓住事物的本身。

放弃自我的成见，在事物演化中常学常新，如此才不会导致失败；放弃对局面的把持，在事物的更替中找出趋势，如此才不会失去所有。

万物的演化是无可阻挡的事实。在世事的潮流中，时时去分析事物的变化，时时去更新自我的定位，去做适合的事情，去发挥应有的作用。如此才能真正地把握世界，守住自己的拥有，实现人生的精彩。

第二十八章

从事物本身的需求出发
才能实现治理的效果

　　故曰：为道者非以明民也，将以愚之也。民之难治也，以其知也。故以知知邦，邦之贼也；以不知知邦，邦之德也。恒知①此两者，亦稽式②也；恒知稽式，此谓玄德。玄德深矣，远矣，与物反矣。乃至大顺。

解字：
①知：辨别。②稽式：准则。

解文：
　　所以说，上位者遵循道理就不应灌输民众思想观念，而是设法减少民众观念的滋生。民众之所以难以治理，就在于他们对社会产生的成规定见。

　　所以，上位者以刻造思想观念去治理国家，就会成为国家的祸害；以否定思想观念的作用去治理国家，就会成为国家的福祉。

　　能够辨明两者的区别，也是一种高明的准则。知道这种准则，就能作出利于民众的治理。治理越贴近时势，越贴近事物本身，与民众的自我发展相反，就能够达成国家大治的效果。

解意：

要知道，上位者若遵循道理就不应灌输治下思想观念。无论其初衷如何，所灌输的都是一种强加的、先入为主的认知；无论其如何努力，最终都会发现事与愿违，所发生的作用只不过是镜花水月。

万物自会对外界做出判断，他们的选择来自所面对的环境，他们的认知来自生活中的情景。外界所灌输的看似确立了规矩，其实只不过是自骗或是骗人。

所以上位者若将思想观念作为治理的武器，就不可能发挥治理应有的功用，作出有利于治下的举措；若否定思想观念的作用，从事理中分析，从形势中研究，则可真正有利于治下的发展。

这是一种新的准则。放弃表面的浮华，尊重事物的演化，发掘事物的变端，满足事物的需求，实现治理的效果。

愈从事物细微的变端着手，愈从事物本身的情况出发，为事物的发展提供细致的保障，为事物的追求筑牢稳固的基础，上位者的治理就会达成愈佳的效果。

第二十九章

处下才能够显现更高的境界

江海之所以能为百浴王者，以其善下之，是以能为百浴王。是以圣人之欲上民也，必以其言下之；其欲先民也，必以其身后之。故居前而民弗害也，居上而民弗重也。天下皆乐推而弗厌也。非以其无争欤？故天下莫能与争。

解文：

江海之所以能成为天下百溪汇集之所，就是其地势低洼，才使天下溪流汇聚到身边。

所以圣人要想居于民众之上，其言辞必须显示自身的谦下；要想居于民众之前，其姿态必须置于民众身后。

这时候，圣人身份在前，民众不觉得有妨碍。圣人的地位在上，民众不觉得有负担。天下人都乐意拥戴他而不感到厌烦。只有他不与民众相争，天下才无人能够与他相争。

解意：

我们的世界，都喜欢争先，喜欢优越，喜欢凌驾于他人头上，似乎如此才可以证明自己，如此才是更为耀目的绽放。事实上，我们再如何优先，再如何突出，又能如何。我们终将发现，所有的这些赞誉、光环都与我们毫无关系。

要知道，处下不是自甘末流，不是自承不足。处下是一种态度，不以争锋为胜，不以超前为荣，正确地看待得失，自在地度过人生。处下是一种方法，知晓自己的目标，排除外在的干扰，保持不竭的动力，搏击生命的激流。

处下方可拥有自在，方可获得周全，方可发现自己，方可不断向前。我们的生命本身赋予了我们最高的荣誉，何必以外界的高下来评定自己。我们的人生本身就是一次绝无止境的行走，何必以外在的光环来烘托自己。

处下是一种胸怀、一种明悟。姿态虽在众人之后，却在以自我的方式历练，却在显现更高的境界。

第三十章

回到事物的本身才能得到真正的幸福

小邦寡民，使十百人①之器毋用，使民重死而远徙。有车舟无所乘之；有甲兵无所陈之；使民复结绳而用之。甘其食，美其服，乐其俗，安其居；邻邦相望，鸡狗之声相闻，民至老死不相往来。

解字：

①十百人：十倍、百倍人工制作。

解文：

不追求国家的庞大，不追求人口的增长。有各种精美的器具而不使用，让民众重视生命而进行迁徙。有车辆船只而不乘坐，有精兵铁甲而不列阵对敌。

让人们回到结绳记事的年代，品尝当下的食物，穿着当下的衣服，乐于当下的风俗，安心当下的住所。能够与邻国相互回望，甚至鸡犬之声都可相闻，也要做到老死不相往来。

解意：

当我们面对事物，不需要追求事物的庞杂，也不需要追求治下的扩张。不需要追求物质的精美，也不需要固守事物的成态。不需要追求生活的便利，也不需要追求武力的争锋。

所有这一切都不是我们的目标。我们的过程只是在面对事物，贴合事物的功用，满足我们的所需，接受事物的结果。

我们的收获并非来自向外的探求，我们所探求的终将成空。我们的幸福并非来自事物的精美便捷，我们所操劳的只会愈加劳累。

只有在所面对的事物中，我们才能发现生活的真意。只有回到所从事的事物本身，我们才能发现自我的存在。只有乐于当下的事物，我们才能找到属于自己的幸福。

让我们回到事物的本身，以当下的食物为甘之，以当下的衣饰为美之，以当下的风俗为乐之，以当下的住所为安之。

无论外界如何诱人，如何华丽，都要相信，它们只是别人的精彩，与我们毫无关系。所需要做的，只能是以防敌入侵的姿态，远远地避开。

第三十一章

人生的内涵只在于生活中的实践

信言不美，美言不信。知者不博，博者不知。善^①者不多，多者不善。圣人无积，既^②以为人，己愈有；既以予人，己愈多。故天之道，利而不害；人之道，为而弗争。

解字：
①善：善于。②既：如此。

解文：

真实的话不动听，动听的话不会真实。真知的人不博学，博学的人不懂真知。高明的人不会求取很多，求取很多的人不甚高明。

圣人不会保留多余的事物。以多余的能量帮助别人，自己就会更加丰富；以多余的财物赠予别人，自己就会更加充足。

所以，天下万物的做法是挑选有利的，摒弃有害的。我们自己的做法是注重人生的实践，摒弃争斗的考量。

解意：

从出生走向死亡，是命运无可阻挡的安排，如何更好地度过这一生，才是我们应该关注的事情。

我们的一生只属于我们自己，与其他任何的事物都没有关系；我们的一生是一次绝无仅有的旅行，其间的甘苦只有我们自知。要做的并不是什么必然的结果，而是将生活当成一次实践，当成生命的充实，当成价值的铸造，当成光彩的展现。

天下万物都会选择趋利避害的方式，我们自己则需将生活中的实践作为存在的方式。

须知晓种种溢美之词可能隐藏着毒药，须知晓种种广博的知识可能是在浪费着时间，须知晓种种外在的收获并不一定是我们所需。

行走，一切的过程都在于行走。实践，一切的目的都在于实践。要知晓与其他任何事物都毫无关系，我们的人生只属于我们自己。

放弃已有的光环，将赞誉留给后人，因为光环的笼罩只会让我们昏沉。放弃外物的享受，将赘余赠予他人，因为外物的丰厚只铐住我们的手脚。放弃争斗的考量，全心投入到生活中的实践，因为计较于争斗只会脱离生命的本意。

第三十二章

人生的进阶需以现实为依托

天下皆谓我大，大而不肖①。夫唯大，故不肖。若肖，细久矣。我恒有三，褒之。一曰兹②，二曰检③，三曰不敢为天下先。夫兹，故能勇；检，故能广；不敢为天下先，故能为成事长。今舍其兹，且勇；舍其后，且先，则死矣。夫兹，以单④则胜，以守则固。天将建之女⑤，以兹垣⑥之。

解字：

①肖：物体的末端。②兹：这个，这里，代指现实。③检：法度。④单：大。⑤女：通汝，你。⑥垣：指墙，筑墙围绕。

解文：

天下人都在追求自我的博大，追求博大而非生活的末端。只有自我的博大，才能脱离生活的细枝末节。否则只能是束缚于鸡零狗碎的琐事。

追求自我的博大，需注重三点：一是以现实为基础，二是以法度为制约，三是不敢为天下先。有了现实的基础，才有勇敢的方向；有了法度的制约，才有实践的广阔；处事不敢居先，才能紧随事物演化。

现在的人舍弃了现实而逞其勇武；舍弃了后路而处处争先，只会走向死亡。

只有从现实出发，用以追求就可获胜，用以守护则必然牢固。上天如果要成就某个人，都是在现实中不断努力，如此才可能得以实现。

解意：

每一个人都在追求人生的精彩，在世事中成就自己；每一个人都希冀以际遇来烘托自己，以成功来照亮自己；每一个人都希冀抗击更为曲折的激流，赢得更为丰富的人生。

很多人逞其勇武，似乎如此更能显示自己。很多人处处争先，似乎如此即可脱颖而出。很多人做出了行为，却忘却了行为的基础。他们能够得到什么，似乎在我们之上，其实是在走向自己的末路。

事实上，我们最佳的行为就是牢牢地抓住现实，抓住了现实就是抓住最为可靠的根基，不顾现实的行为只会走向盲目。我们行为的尺度就是现实所提供的法度，找到了法度才能最大程度地实现，不顾现实的法度只会失去方寸。我们行为的重心就是面对的事物，紧随事物才能体会事物的演化，跨越事物的状态只会导致踏空。

人生的进阶需以现实为依托，行为的来源只能是现实。紧紧抓住现实，注重生活的尺度，了解行动的重心，我们的方向就一目了然，我们的勇气就坚不可摧。当我们有所追求时就定能有所收获，当我们守护自我时定能守得周全。

第三十三章

纠结于外界的争斗毫无意义

善为士[1]者不武，善战者不怒[2]，善胜敌者弗与[3]，善用人者为之下。是谓不争之德，是谓用人，是谓配天，古之极也。

解字：

①士：有力量的男人。②怒：气势强盛状。③与：交接。

解文：

有力量的人不会以武力炫耀；擅长作战的人不会盛气凌人；克敌制胜的人不会轻易出手；懂得用人之道需保持处下的姿态。

这就是不与人争的德行，是对人生的把握，是符合天道的方式，是古时完人的准则。

解意：

要知道我们的行为不是为了炫耀自己的力量，不是为了展示盛气凌人的姿态，不是为了没有目的的争锋，不是为了凌驾于别人之上。这些行为看似光彩耀目，其实都是无谓的争斗，只会导致自我的困扰，只会丢失立身的基础，只会淡化人生的价值。

行为的真正意义就在其过程，是我们不断向上、自强不息的明证；是我们感悟精彩、收获感动的乐趣；是我们勇攀高峰、凌云当空的骄傲。做好自己的拼搏就行了，何必在乎与别人的争锋，收获人生的激情就行了，何必定要在意外物的高下。

要知道我们的行走是体验生命的过程，是实现自我的方式。重要的不是战胜他人，而是战胜自己；重要的不是在外的强大，而是内心的感受。只有这样才能了解不争的德行，才是对自我人生的把握，才是符合天道的方式，才是所应遵守的准则。

第三十四章

我们的武力只在于防止别人的侵犯

用兵有言曰："吾不敢为主而为客，吾不进寸而退尺"。是谓行无行，攘无臂，执无兵，乃无敌矣。祸莫大于无适，无适①近亡吾。吾葆矣，故称，兵相若，则哀②者胜矣。

解字：

①适：主、专。②哀：悲哀。

解文：

用兵者这样说，"我不敢主动进犯，而宁愿采取守势；不敢前进寸步，而宁愿后退一尺"。如此，似乎行动没有阵势可摆，挥举没有臂膀可举，对抗没有兵甲可用。如此放弃对人的主动进攻，无人可以相抗。

祸患莫过于个人自主的缺失，如此等同于个人生命的失败。当我守住了自我，我可以说，双方实力相当时，受到侵犯的一方定会获胜。

解意：

我们在世间行走，总有自己的目标，总有己身的价值。朝着自我的方向前行，我们就能够收获人生的意义；偏离了自我的方向，即使赢得再多，也只是在浪费自己的精力。

所以需要把握力量的使用。当我们与周边产生交集，没有意义的争斗就无所谓去做。在与别人形成对峙时，要清楚地知道，我们的进犯毫无用处。在别人产生恶意时，要深深地了解，我们的武力只在于防止别人的侵犯。

最重要的是把握自我的人生，如果无法把握自己，那我们的行为还有什么价值？如果只是将精力放在内争外斗上，无论我们多么强大，其实已经失败了。如果紧随目标而看淡争斗，无论我们多么弱小，都将有所收获。

当我们和别人形成对峙，也许可以这样应答：我的一切行为只在于自我的实现，外在的输赢得失与我并无关系。我无意争锋，但若有人敢于侵犯，我势必以全部精力对抗，以捍卫自我的周全作为人生中必须实现的目标。

第三十五章

从自我的角度出发确立自我的价值

吾言甚易知也，甚易行也；而人莫之能知也，莫之能行也。言有君，事有宗。其唯无知也，是以不我①知。知者希，则②我贵矣。是以圣人被③褐④而怀玉。

解字：
①我：自我。②则：效法。③被：披。④褐：粗布衣服。

解文：
我的学说很容易理解，很容易施行。但是天下竟没有谁理解，没有谁在施行。言论有宗旨，行事有根据。正因为人们缺少真知，才不知道真正的自己。
能了解自我的人很少，行事效法自我的人更加可贵。圣人行事并无不同，却找到了自我这一珍宝。

解意：
真正的哲理很简单，很容易施行。做什么样的事情，生发什么样的感受；生发什么样的感受，确立什么样的意义。

一切都在生活中成型，一切都在铸造自我的人生，一路走过的风光，一路呈现的精彩。

所以我们所做的一切都要从自我的角度出发。所言要以自我的感受为判断，所行要以自我的所需为依据。

然而世人即是如此，能认识这一点的太少了，能这样做的就更少了。常见的错误就是以外在为准则，无法认清此时此刻的自我，无法真正去确立自我的价值。

很多时候看似在确立自己，其实只是在迎合大众；很多时候看似找到了依据，其实只是在遵从教化；很多时候看似获得了真知，其实这真知与我们毫无关系。

做了很多事情，看似很充实、很成功、很精彩，其实自我的感受正在被漠视，自我的激情正在被压制，自我的人生毫无意义。

所谓圣人，并非指外在的高低优劣，而是指自我是否得到了确立，言行是否以自我为主角，处事是否遵从自我的角度。

第三十六章

在实践中去感受只属于自我的人生

知不知，尚①矣；不知不知，病也。是以圣人之不病，以其病病，是以不病。

解字：

①尚：高明。

解文：

知道自己有所不知，是高明的做法。不知道却自以为知道，是错误的做法。

圣人之所以健全，正因为他明白自以为知道的错误，守住己身的事理，达到身心的健全。

解意：

人生并不是积累，它来自一种实践；真知并不是博学，它来自一种感受。我们的感受来自现实中的情景。我们的真知来自对感受的把握。

我们的真知是对外界的触动和共鸣，是内心发轫的过程和变化。它就在那里，不高不低，不增不减，形成了人生确凿无误的过程。

不要沉迷于客观世界的繁华与喧嚣，那些只会徒然耗费精力，世事的轰鸣让我们高度疲惫；不要相信思维逻辑的改造和提炼，这些只会逐渐趋向虚妄，想象的高台成为我们体验生活的杂草。

牢牢攀附于现实的基础，做生活中的一只尺蠖。坚持面对生活中的真实，放弃与己无关的一切；坚持我们所感受到的事理，放弃认知中堆叠的一切。以此才能实现身心的健康，以此才能形成确凿的人生。

第三十七章

知道行为的界限才能够避免灾祸

民之不畏，畏则大，畏将至矣。勿狭①其所居，勿厌②其所生。夫唯弗厌，是以不厌。是以圣人自知而不自见也，自爱而不自贵也。故去彼取此。

解字：

①狭：挤迫。②厌：阻塞。

解文：

当民众不再畏惧压迫，令世界畏惧的灾祸就会到来。不要逼迫民众不得安居，不要阻塞民众的谋生之路。只有不阻塞民众，民众才不会厌烦他。

因此，圣人知道行为的界限，不会自我逾矩；爱惜已有的地位，不会自以为高贵。所以我们应懂得如何取舍。

解意：

不要去让别人畏惧，当别人不再畏惧，我们就会感受到真正畏惧的灾祸。不要去逼迫别人的生活，我们所做的恶行，只会不断增加别人的厌恶。

没有人天生高贵，也没有事物能够长盛不衰。我们对世界的侵犯并不会有什么效果，无论我们有何优势，在何地位。终有一天，所有的恶行都会让我们付出代价。

需要知晓我们行为的界限，超越了界限只会给我们带来灾祸。需要爱惜已有的地位，自以为贵只会让我们跌倒得更快。

第三十八章

心存底线的人才能够赢得生机

勇于敢①者则杀，勇于不敢者则活。此两者或利或害，天之所亚②，孰知其故？天之道，不单③而善胜，不言而善应，不召而自来，弹④而善谋。天网恢恢⑤，疏而不失。

解字：

①敢：进取、进犯。②亚：次、后者。③单：大。④弹：弹劾、考劾。⑤恢恢：广大。

解文：

当人失去了敬畏，则充满凶险；当人心存底线，则获得生机。这两种方式，或利或害。天道倾向于后者，谁能知道原因？天道的法则如下：无须居大却能赢得胜利；无须言说却终会来临；无须召唤却能自动到位；大势在自然地运转中考劾事物的做法。

大势的运转纷繁复杂，看似到处都是漏洞，却总能够在结果时一一到位。

解意：

要知道，克制的行为比肆意地行事更加需要勇气。我们的行为并不能只考虑自己的感受，更加需要衡量外界的得失。肆意者将会招致更加肆意的对待，为恶者将会走向更加险恶的局面。

要知道，顺应时势的人终将走出坦途，胡作非为的人终将自尝恶果；谨守规则的人终将为规则所尊重，操控局势的人终将为局势所操控。世事自会考核人们的做法，它无须居大，无须言说，无须召唤。看似到处都是漏洞，但都将在最终一一到位。

世界的法则即是如此，并不需要事理上的推断。一个人如何对待外界，外界将会用同样的方式加以回应；一个人处于何种境地，只是在于他选择了这样的道路。

第三十九章

将除恶的职责交给专门的司法机构

若民恒且不畏死，奈何以杀惧之也？若民恒是死，则而为者，吾将得而杀之，夫孰敢矣。若民恒是必畏死，则恒有司杀者。夫代司杀者杀，是代大匠斫①也，夫代大匠斫者，则希不伤其手矣。

解字：

①斫：砍、削。

解文：

当民众不再畏惧死亡，又怎么能用杀伐来威胁他们。如果民众的处境必然是死局，我就要将那作恶之人杀掉，看看还有谁威胁民众的性命。

如果民众安于生活，畏惧死亡，则必定有那专门的司法机构。代替司法机构去惩治罪恶，就像代替专业的伐木工人去砍树。代替工人去砍树，同时也会砍伤自己的双手。

解意：

如若出现危害民众的事情，则需要有人挺身而出，制止恶行；如果无人制止，只会导致更加恶劣的局面。

如若维持民众正常的秩序，则需要设立司法机构，专门用于应付极端的局面。

一个稳定的社会，必然需要有制止恶行的机制；一个稳定的机制，必然需要有专门负责此事的机构。

我们需要见义勇为，但更需要专门的司法机构，将专业的职责交给专门的机构更符合事理。个人的英勇虽能发挥作用，但往往也会伤害到自己。

第四十章

做力所能及的事情才是贤明自重

人之饥也，以其取食兑①之多也，是以饥。百姓之不治也，以其上有以为也，是以不治。民之轻死，以其求生之厚也，是以轻死。夫唯无以生为者，是贤贵②生。

解字：

①兑：口、嘴巴。②贵：重视。

解文：

一个人遭受饥饿，是因为他对食物的求取太多，才陷于饥饿。民众难于治理，是因为上位者有着改造社会的执念，才难于治理。人们轻生冒死，是因为他们过于追求生活的丰厚，才忽视了生命。

顺道而为，不强求达到什么目的。如此才能算是贤明和自重。

解意：

要相信，世界自有其运行的机制。任何人都不能将主观的意志强加于世界，任何人都不应该去逞一己之力。当我们执着于某种意志，最终只会进入不测的境地。不仅达不到预期，原有的也将失去。

智者知道应该怎么做。只是在做应该做的事情，做可以做的事情。在力所不及时不断地积蓄力量，在时机到来时奋力拼搏。对照时势去努力，而不以一己之力硬抗，如此才能算是贤明和自重。

第四十一章

保持柔弱的姿态才能够占据优势

人之生也柔弱，其死也筋肕^①坚强。万物草木之生也柔脆，其死也枯槁。故曰：坚强者死之徒也；柔弱微细生之徒也。兵强则不胜，木强则烘^②。强大居下，柔弱微细居上。

解字：

①肕：同韧，坚韧。②烘：燎。

解文：

人活着身体是柔软的，死后身体就僵硬直挺。草木活着茎秆是脆弱的，死后就干硬枯槁。所以说，坚强的事物属于死亡的一类，柔弱细嫩的事物属于活着的一类。

因此，用兵逞强就会导致失败，树枝粗壮就会砍作柴火。在事物的发展过程中，强盛的事物居于弱势，柔弱细嫩的事物占据优势。

解意：

要理解我们与世界的关系。执着于自我的成见，应对以强硬的姿态，只会为世事所抛弃。顺应世事的演化，做出适当的选择，才能得到更好的收获。

需放弃自身的强势，保持柔弱的姿态。如此才能占据主动的位置，才能找到交接的方法，才能找到共同的需求，才能不断扩大行动的范围。

柔弱其实是内心的自信和坚定，是行为的从容和井然。润物无声，其势远胜于轰轰烈烈。因为柔弱，所以焕发出无比的生机；因为柔弱，所以展现出广阔的舞台。

生而强势其实是一种误解，是单向的价值观念，是自以为是的高傲，是僵化自闭的抵触，是各种冲突的开端。在己如一潭死水，无法发现生命的美好；在人则是空间的压迫，是众生所厌的恶行。虽可逞一时之勇，却是这个世界的弃儿，将在很短的时间内消亡殆尽。

第四十二章

放弃多余之物才能够轻装前行

天下之道，犹张弓者也。高者抑之，下者举之；有余者损之，不足者补之。故天之道，损有余而益不足。人之道则不然，损不足而奉有余。孰能有余，而有以取奉于天者乎？唯有道者乎。是以圣人为而弗有，成功而弗居也。若此，其不欲见①贤也。

解字：
①见：显示。

解文：
天下万物的发展历程，就像张弓射箭一样。哪里高了就压低点，哪里低了就抬高点，哪里满了就放松一些，哪里不足就补够一些。

万物的规律，是减去有余的补充给不足的。可人们的做法却不同，减少不足的奉献给有余的。谁能在多余的时候，将多余部分奉还给天理呢？只有通晓人生的人才会如此。

因此，智者注重行事的体验却不会去想着占有，注重事物的过程而不会去追求结果。如此自然而然地发生，并不是说他想彰显自己的贤名。

解意：

我们观察这个世界，万物的发展都是一个过程，万物的演化也是一个过程。天下没有一味只知道索取的事物，也没有单纯只要求结果的事物。在事物的轨迹中，它们会追求自己所缺乏的那一部分。过度了就退后，落下了就向前。多余了就放弃，不足了就追求。

这样的发展才能够轻装前行，才能够迎接新的曙光，才能够表现出完整的状态，才能够尽性地表达生命的激情。

然而人们的做法却完全不同。有了收获就想要得到更多，到达高位就想爬得更高，得到享受就想更加长久。这样的结果只能在索取中失去自我，生命的乐趣无法找回，得到的却在成为累赘。

只有将生命看作是一段过程的人，才会以自身的需求来定位外物的多少，才会将多余的部分归还给世界，才会以更加顺理成章的姿态迎合轨迹的运行，才会以更加完整轻捷的方式去迎接全新的历程。

他明白任何事物都是生命中的过客，任何收获都是一种体验的过程。所以当他接触事物的时候不会想着占有它，当他获得成功的时候不会自夸功劳。这些都是自然而然的过程，而不是为了彰显自己的贤名。

第四十三章

一个人的尊贵在于他所承担的重量

天下莫柔弱于水，而攻坚强者莫之能胜也，以其无以易之也。柔之胜刚，弱之胜强，天下莫弗知也，而莫能行也。故圣人之言云：受邦之垢，是谓社稷之主；受邦之不祥①，是为天下之王。正言若反。

解字：

①不祥：灾祸。

解文：

天下之物没有比水更柔弱的，但在侵入坚强之物时，没有什么比水更有用。因为水虽然柔弱，却没有事物能够改变它的本质。

面对外界的态度，柔优于刚，弱优于强，天下没有人不知道，但是没有人能实行。

所以圣人说："承受国家的污垢，才能成为国家的君主，承受国家的祸灾，才能成为天下人之中的王者。"从这个角度看，尊贵的真正含义往往与人们所理解的相反。

解意：

要相信，我们面对世界的方式，柔和永远优于刚直，顺应永远优于强硬。

世界的演化无可撼动，我们的人生也不是为了操纵世界的轨迹。我们所做的一切，只是在融入外在的世界，发现事物的变端，贴合事物的功用，挖掘自我的价值。

所谓的刚强只是执着于自我的成见，看不见世界真正的变化；只是毫无理由的自信，失去了接纳世界的勇气；只是将自己限定在圈子里，是对自我的迷恋，是对世事的拒绝。

一个尊贵的人其实并不在意自己是什么，有什么成绩，处于什么地位。他只是在迎合当下的环境，去挖掘，去追求，去实现。

并没有更好的解释。真正的伟大只是因为他走出去，承受了更多的重担；真正的王者只是因为他不畏惧，抗住了生活的打压。

第四十四章

自己努力的所得才是上天真正的奖赏

和①大怨，必有余怨，焉可以为善？是以圣右②介③，而不以责于人。故有德司介，无德司彻④。夫天道无亲，恒与善人。

解字：
①和：和解、调解。②右：古人以右为尊。③介：古指铠甲，引申为界限。④彻：剥取。

解文：

当人相互怨怼时，就算有人调解，其余怨也难以消除，这怎能算是妥善之法。因此，圣人谨守两者交互的界限，而不会用以责难人。

所以有德行的人只是在自身的范围内不断努力，不会求取于他人的恩赏；无德行的人却总是想着去通过索取来获得成功。天道无所偏爱，永远会奖赏那些依靠自己的实力默默奋斗的人。

解意：

实践自我的人生，永远也不要寄希望于外在的索取。我们所得的一切应该来源于自我的努力，我们通过努力所赢得的才是属于自己的收获。

当我们寄希望于外在的恩赏、外在的幸运、外在的供奉，我们的人生只会愈加艰难，世界的大门随时都可能关闭；我们所得到的也未曾真正得到，时光流转下顷刻间化为乌有。

世界只会认可世人努力的所得，只会奖赏那些依靠自我奋斗的人。要相信我们的努力不是无所谓的，无论这条道路多么狭窄，所得多么匮乏。只有这样的收获才是真正的收获，这收获印证了努力的回报；这样的所得才真正属于自己，无人可以将其剥夺。

价值篇

我们与世界的交互就是一切价值滋生的方式，我们所能发挥的作用只是在跟随事物的特性，最佳的治理其实是维护事物本身的生活。

——题记

如何确认自己的价值。需放弃一切的光彩，保持"归零"的心态；需放弃外在的依赖，确立自我的中心。将虚空和神圣作为我们应对世界的深奥母体。

需知立足于自身的轨迹才是最优的筹划，保持自己的初心才能够找到行为的价值，在成功之后及时抽身才是符合事理的做法。

我们在与外界的交互中不断地磨砺自我，在应用事物的过程中去理解事物的价值。我们放弃感官的刺激去关注我们真实的生活，在真实的世事中去寄托我们的情感，在当下的世界中去梳理和确认自我的人生。

勿庸置疑，真正的智者都能在世事跌宕中找到自己的人生。同样，我们守住自我的情感，就能够不断地构筑属于自己的世界。

【第四十五章】

我们与世界的交互
就是一切价值滋生的方式

道可道也，非恒道也。名可名也，非恒名也。无名，万物之始也；有名，万物之母也。故恒无欲也，以观其眇[①]；恒有欲也，以观其所徼[②]。两者同出，异名同谓，玄之有玄，众眇之门。

解字：

①眇：精妙、微妙。②徼：通缴，求取、缴获。

解文：

事物的轨迹，如果可以阐述，所阐述的绝非事物客观的轨迹。对事物的理解，如果可以定义，所定义的绝非事物全部的属性。

当我们接触客观的世界，其情形必然不清楚事物的属性。同时，当我们利用世界的万物，其情形必然是清楚事物某些属性。

　　如何实践自己的人生，既然不清楚，就应放弃内心的欲望，在与事物的自然互动中发生关系，这样就能够发现事物的微妙。既然清楚了，就应规划内心的景愿，凭借自我的理解去达成目标，这样就能够收获人生的丰盛。

　　两者同样是我们走进这个世界的方式，同样构成了我们人生的价值，同样是我们演化生命的玄妙之处，同样是理解万物的必然途径。

解意：

　　当我们来到这个世界，我们拥有什么？当我们离开这个世界，我们带走什么？当我们与林林总总事物交错，与形形色色世事接触，我们又为了什么？

　　只有以人生的角度去理解，才会发现，我们起自于尘埃，又将复归于尘埃；既不能带来一物，又不能带走一物。我们与外界的一切都毫无关系，既不能因某物一直幸福，又不能因某事永远灿烂。我们即是自己，我们的人生只是属于自己，我们只是在从自己的起点走向终点。

　　一切的价值只在于我们与外界接触的过程，只在于我们在世事中的历练，在交互中的感受，在激流中的闪光，在探索中的自我，在奋斗中的实现。

　　我们本就一无所有，所经历的就形成了价值；我们其实一无所求，所求取的只是在世事中的自己。

　　我们与外界接触，外界的环境就是我们的舞台，生发的行为就是人生的实践。从一无所知到自我的领会，其中就有自我世界的扩展；从一无所有到不断地收获，其中就有人生目标的实现。

无论我们是否愿意，我们时时都处于万物轨迹的交错中。如何面对世事，如何生发行为，如何认识自己，代表了我们走向世界的途径，代表了我们因事物理解的价值，代表了我们一次次激情的爆发，代表了我们演绎生命的玄妙。

第四十六章

我们所能发挥的作用
只是在跟随事物的特性

天下皆知美为美，恶已；皆知善，訾①不善矣。有无之相生也，难易之相成也，长短之相形也，高下之相盈也，音声之相和也，先后之相随，恒也。是以圣人居无为之事，行不言②之教③。万物作而弗始也，为而弗志也，成功而弗居也。夫唯弗居，是以弗去。

解字：

①訾：估量。②言：定式的理解。③教：教化。

解文：

天下人都知道事物美丽的认定，就是因为其他丑陋的比较；都知道事物的益处，就是因为估量了其他的危害。

事物的有无是相互转化的过程；问题的难易是相互对比的结论；器具的长短是比较形成的效果；位置的高下是衬托引发的感受；音乐和声乐要在协奏中体现区别；前面和后面要在跟随中表现差距。这些都是永恒的道理。

我们对事物本身并没有评判的能力，所有的认知都是比较的结果。因此，圣人处事只会跟随事物的特性发生行为，圣人理解只会结合事物的现状衡量加以确定。

在处理与外物的关系时，要相信其生发依靠的是自身特性，而非我们的栽培；要相信其运行沿循的是自身轨迹，而非我们的意志。要相信其成功源自时局的趋势，而非我们的功劳；只有放弃对事物的操控，才能在世事演化中定位自己的角色。

解意：

我们认定了美好，是因为丑陋的存在，我们发现了益处，是因为危害的存在。我们直面事物，才能够区分有无，对比难易，衡量长短，衬托高下，知晓音声，判断先后。

我们的一切认识都来源于具体的事物。离开了所面对的事物，我们的一切认识都毫无意义，一切行为都失去了依据，一切价值都如镜花水月。

所以，我们处事时需放弃自己的成见，跟随事物的特性做出行为；我们理解时需放弃成型的理念，根据事物的现状比较得出结论。

以此推论我们的行为、我们的意志、我们的作用。我们的行为并非改变事物的特性，只是事物运行的某种外力。我们的意志并非左右事物的发展，只是梳理事物的轨迹。我们的作用并非促成事物的成功，只是与事物的某种交契。

需要做出改变的其实是我们自己。时时摸索事物的特性，时时更新自我的意志，时时揣度自己的位置。以此才能够做出恰当的行为，定位自己的角色，跟上形势的变化，形成自我的领会，构筑丰富的人生。

第四十七章

最佳的治理其实是维护事物本身的生活

不上贤，使民不争。不贵难得之货，使民不为盗。不见可欲，使民不乱。是以圣人之治也，虚其心，实其腹，弱其志，强其骨。恒使民无知无欲也，使夫知不敢。弗为而已，则无不治矣。

解文：

不推崇贤名，使民众不为之争斗；不珍爱难得之货，使民众不为之偷盗；不显耀民众追逐的目标，使民众不为之纷乱。

因此，圣人的施政原则是：消除民众心中的成见，满足民众口腹的要求，削弱民众过度的意志，维护民众生活的根基。

使民众直面眼前的生活，放弃超越现实的观念和欲望。使才智之士不敢滋扰民心而生事端，圣人的施政，顺应时势而不妄生一己之心思，则天下无处不可治理。

106

解意：

上位者的治理也许应该这样施行：放弃对治下思想的引导，使治下直面真实的生活；用力于解决治下的衣食，使治下的生活得到保障。放弃对治下意志的操控，使治下回归自身的本分；用力于维护治下的根基，使治下的发展得以顺畅。

要知道，上位者的心思如若在引导和操控上，并不能取得正面的效果，只会使局势变得更加复杂和扭曲。

譬如树立正面典型，这典型只会形成治下争斗的方向；譬如推崇奇珍异宝，这珍宝只会让治下为之偷盗；譬如显耀令人追逐的目标，这目标只会引发纷乱的时局。

上位者需知治下所应当面对的生活。解决治下的所需，而非引导治下的思想；维护治下的根基，而非操控治下的意志。如此的方式才有最佳的效果，如此的治理才是最佳的治理。

放弃一己之心思，让治下回归生活本身，各安其分，各守其业，各享其福。让治下放弃超越生活的思想和欲望，则天下的才智之士亦无法滋扰民心、徒生事端。

【第四十八章】

放弃一切的光彩，保持"归零"的心态

道盅①，而用之又弗盈也。渊②呵，始万物之宗。锉③其锐，解其纷，和其光，同其尘。湛④呵似或存，吾不知其谁之子也，象帝⑤之先。

108

解字：

①盅：容器的内部空间，虚空。②渊：深渊，深邃。③锉：磨、削。④湛：深藏、隐没。⑤帝：主宰。

解文：

看破人生的虚空，应用外物又不为其充填塞满。保持深邃的心性，作为理解万物要旨的起点。

打磨自身的棱角，解散自身的光彩，隐没自身的光环，归为众生中的微尘。我们重归平凡，似乎无人知晓我们的存在。

我不知道其身份地位如何，却知道其行为可以超越众生的平凡。

解意：

需要看破人生的虚空。应用外物，又始终不为外物所束缚。要知道无论我们经历多少繁华，在世事背后灯火阑珊处面对的只有我们自己。

需要保持深邃的心性。应对外物，始终是为了实践自己的人生。要知道无论多少事物呈现在面前，都只是我们实现人生的途径，而非我们的目标。

需要打磨身上的棱角，这棱角只是自我臆想的锋芒；需要解散已有的光彩，这光彩只是毫无价值的阻碍；需要隐没身份的光环，这光环只是我们误入歧途的羔羊。

抛弃影响我们的一切，让生命重归平凡。我们不需要外界确凿的认可，也不需要通过外物证明自己的存在。

我们以"归零"的心态重新出发，以全然的自觉去触碰世事。以此，我们就可以在事物的演化中寻找新的起点，在新的领域冲击新的巅峰，在广袤的世界中创造出无限可能。

第四十九章

放弃外在的依赖，确立自我的中心

　　天地不仁，以万物为刍狗①；圣人不仁，以百姓为刍狗。天地之间，其犹橐龠②欤？虚而不屈③，动而愈出。多闻④数⑤穷，不若守于中。

解字：
①刍狗：草扎成的狗。②橐龠：风箱。③屈：弯曲。④闻：博学。⑤数：计算。

解文：
　　天地是无所谓仁爱的，对待万物就像对待草狗一样，任其自生自灭。圣人是无所谓仁爱的，对待百姓就像对待草狗一样，任其自生自息。
　　天地之间的万物，不都像是一个个风箱吗？静止的时候，内在虚空却不为外物所乘；鼓风的时候，内在愈多却愈加偏离正轨。
　　我们越迷恋外物的事理关窍，越导致自我的困顿，不如以自我的角度出发，确立自我的中心。

解意：

洞明了世事，我们才会发现，天下事物都沿循自己的轨迹，寻找自己的出路，求得自己的发展。

所谓天地，万物的递进演化就是他的平台；所谓圣人，社会的纷乱世事就是他的平台。所谓伟大，并不是他恩赐给我们什么，而是他在平台上谋取了最大的实现。

所以，不要去崇拜外界的伟大，不要去感恩外界的贡献，不要去接受外界的灌输，不要去模仿外界的逍遥。无论其如何精彩，都与我们无关。一旦进入这些幻象，就会脱离自己的轨迹，走进不可预知的迷乱。

我们所能做的就是确立自我的中心，从自我的角度去处理世事。

当我们守住了自我，看似虚空，却足以构筑自我的世界。当我们依赖外在，看似充实，却只能愈加偏离正轨。当我们相信外物越多，却得到的越少；依赖外物越多，却逐渐失去自我。

要相信，唯一所能依赖的只有我们自己，唯一统率行为的只是我们自己，唯一所能实现的就是我们自己。除了自己的所需均与我们毫无关系，除了自己的目标均不用加以搭理。

第五十章

虚空和神圣是我们应对世界的深奥母体

浴①神②不死③，是谓玄牝④。玄牝之门，是谓天地之根⑤。绵绵呵若存，用之不堇⑥。

解字：

①浴：溪谷，此处可为溪谷的引申义，虚空。②神：神圣，这里特指自我的神圣。③死：断绝。④玄牝：深奥的母体。⑤根：根源。⑥堇：通仅，少的。

解文：

始终确立内在的虚空和自我的神圣，这种方式是我们应对世界的深奥母体。不仅是我们，内在的虚空和自我的神圣也是天地万物化育的根源。

这种方式看上去绵软无物，似有似无。只有在我们真正理解之后，才会发现其所致广阔无垠。

解意：

要相信，所有的拥有都是一种资源，而非我们真正的拥有。抛开一切影响我们的因素，以内在的虚空去面对这个世界，如此才能不断地清零和接纳。

要相信，所有的行为都是为了自我的实现，自我是客观世界的唯一。以自我的神圣去梳理关系，以自我的角度去处理世事，如此收获的才能真正属于自己。

细心去观察，天地万物莫不如此。这种方式犹如一个硬币的两面，相互支撑着，成为一切生命得以生发化育的根源。

这样的方式似乎模糊不清，难以定论，但要相信，这才是我们应对世界的深奥母体。只有这样我们才能走进外在的世界，才能发现事物运行的奥妙，才能不断收获自我的人生。

第五十一章

立足于自身的轨迹才是最优的筹划

天长地久。天地之所以能长且久者，以其不自生也，故能长生。是以圣人退其身而身先，外其身而身存。不以其无私欤？故能成其私。

解文：

天地是最为长久的存在，之所以能够长久，就是其不会自我生发，故能长生。

所以圣人退居众人之后，反而能在众人之中领先；将安危置之度外，反而能保全自身安全。因为他不存在自己的私心，故能够保全其私有的领域。

解意：

没有其他的途径，我们可以发生的行为以及需要发生的行为都是当下的轨迹所决定的。因为某种外力而改变自己，因为某种想象而偏离现实，所失去的将远多于所得到的，所痛苦的将远超过所快乐的。

所以，智者处事不会争先，争先只是耗费精力，立足于当下才算是最优的筹划。智者遇事不会退缩，退缩只会更加危险，全力地应对方可真正摆脱危机。

　　所以，天地放弃自我生发，放弃操控世界，施施然只做自己，其势最为长久。

　　我们处于什么样的位置，就做什么样的事；属于什么样的人，就展现什么样的性情。所做出的行为已经是最佳的展现，所付出的努力已经足够充分地回报。无论外界如何精彩，如何诱惑，如何侵入，我们都要了解其中的危害，排除其中的干扰，坚守自我的立场。

第五十二章

保持自己的初心才能够找到行为的价值

上善治①水。水善利万物而有静②。居众之所恶，故几于道矣。居善地，心善渊，予善信③，正④善治，事善能⑤，动善时。夫唯有静，故无尤⑥。

116

解字：

①治：修治。②静：争青，引申为追求初心。③信：事物的发端。④正：纯正平和。⑤能：从。⑥尤：过失。

解文：

最好的方法就是修持自身，直至像水一样。水善利用万物却始终保持自己的初心。水停留在万物所不屑的位置，如此则是最符合道理的形态。

安守恰当的位置，保持深邃的心性，明察事物的发端，梳理纯正的态度，处事能够安排得当，行动能够顺应时势。无论境遇如何，只有保持自己的初心，才能够真正地消弭过失。

解意：

　　需知晓我们的态度。不是一味地追求最好的位置，而是明辨自己应该的位置。不是一味地追求丰富的内心，而是修持内心的深邃。不是一味地追求全面地交接，而是寻找事物的发端。

　　不断地修持纯正平和的心态，不断地提升处事的能力，不断地寻找交契世事的时机。

　　我们不断地修持自己，提升自己。我们拥有了应对万物的能力，却始终保持自己的初心。我们不惧于万物，却始终停留在众人所不屑的位置。

　　因为我们知道我们的需求、我们的目标、我们的价值。只有保持了自己的初心，我们才能够游刃有余、得心应手，才能够真正地消弭自己的过失。

第五十三章

在成功之后及时抽身
才是符合事理的做法

持①而盈之，不若其已②。揣③而锐之，不可长保之。金玉盈室，莫之守也。贵富而骄，自遗咎也。功遂身退，天之道也。

解字：
①持：持有。②已：止。③揣：捶击。

解文：
聚集某种物什直至放不下，不如适可而止。捶击某种兵器直至极锋利，不会长期保持。金银珠宝堆满房间，就可能招来盗贼。得到富贵放纵自己，就可能带来灾祸。

功成事遂后，应及时抽身而出。这才是符合世间万物轨迹的做法。

118

解意：

我们大量地聚集物什，其实所需要的只是那么多，其余的毫无作用。我们的行为到达极致，其实这背后隐藏着危机，所努力的可能化为泡影。大量的金银财宝堆放在那里，只会招致盗贼的到来。所拥有的富贵化作层层光环，只会销蚀我们的心灵。

万物皆有所以，万物亦有所止，任何事物的需求都是有限度的，多余的部分只是一种累赘。当我们沉迷于外物的丰厚，骄傲于外在的光环，我们已经为其所束缚，幸福转化为平淡，平淡转化为痛苦。

要知道，我们对外物的求取并不是为了充填私欲的沟壑，而是在求取中的光彩；我们行事的努力并不是为了将别人踩在脚底，而是在跨越中的激情。需要理解我们人生的目的，及时地放弃多余的事物，投身到下一个人生的起点。如此才能形成我们更为圆满的轨迹、更为耀目的生命。

第五十四章

在与外界的交互中不断地磨砺自我

载①营②魄③抱一，能毋离乎？抟④气致柔，能婴儿乎？修除玄鉴⑤，能毋疵⑥乎？爱民栝⑦国，能毋以知乎？天门⑧启阖，能为雌乎？明白四达⑨，能毋以为乎？生之畜⑩之，生而弗有，长而弗宰也，是谓玄德。

解字：

①载：承载。②营：古指四周垒土而居，即为环境。③魄：精神。④抟：聚集。⑤鉴：镜子，玄鉴指心灵。⑥疵：瑕疵。⑦栝：箭末尾扣弦处。⑧天门：世界的大门。⑨四达：周遍。⑩畜：养育。

解文：

能够让承载的精神贴合环境，而不四处漂移吗？能够让自身的理气轻柔顺畅，就像婴儿一样吗？能够让自己的心灵不断磨砺，确保没有瑕疵吗？

爱民治国能够顺应其势，而不以主观的认知吗？应对世界能够放弃强势，温和地契入事物吗？为人处世能明白四达，放下改变世事的意志吗？

我们与事物相处的过程中，明白自我的态度。孕育事物时不要想着去占有它，长养事物时不要想着去主宰它，这就是所谓深厚的德行。

解意：

出生于世我们就是在修行，人生何处不是修行。要知道自由肆意的生活毫无意义。只有在修行中，我们才能一步步成长；只有修行中，我们才能铸造生命的华彩；只有修行中，我们才能迈向人生的盛宴。

需要修持自我的精神，使之直面当下的环境，如此才能摒弃思维的杂草，走出人生的虚无；需要修持自我的认知，使之通达透彻，如此才能找到事理的关窍，理解物我的关系；需要修持自我的心灵，使之纯净无瑕，如此才能凸显自我的本心，呈现自我的价值。

当我们待人接物，需要放弃主观的成见，去迎合世事的变化；当我们打开世界的大门，需要放弃自身的强势，温和地与事物交接；当我们向世界出发，需要放下改变世事的一己之心，以全然的自我去拥抱世事。

所要做的，就是在交接外物时不断地磨砺自我。去寻找自我的定位、自我的方式、自我的价值。其余的于我们毫无意义。在生发行为时，不要想着去占有外物，既无法占有，占有了也毫无用处。在应对形势的时候，就不要想着去主宰时局，既无法主宰，主宰了也毫无用处。这就是德行的深奥之处。

第五十五章

在应用事物的过程中去理解事物的价值

三十辐①同一毂②，当其无，有车之用也。燃埴③为器，当其无，有埴器之用也。凿户牖④，当其无，有室之用也。故有之以为利，无之以为用。

解字：

①辐：车轮的辐条。②毂：车轮中心的圆木。③埴：黏土。④户牖：门窗。

解文：

三十根辐条安装在一根轮毂，辐条消失了，则有车的用途；烧制黏土做成器皿，黏土消失了，则有器皿的用途；在土丘上开凿门窗，土丘消失了，则有房屋的用途。

所以，我们拥有的一切事物都只是形成用度的基础，理解和使用的过程才构成用度的价值。

解意:

要知道，事物的存在只是我们用度的资源，如何去理解和使用它，才是构成其价值的关键。我们要关心的不是拥有多少资源，而是如何去理解资源、面对资源和使用资源。

需要重新去衡量事物的价值。价值的存在并不在于拥有多少，而在于我们自身的理解和判断，在于我们的需求和考量，在于我们使用的过程和方式。

第五十六章

放弃感官的刺激去关注我们真实的生活

五色使人目明①，驰骋田猎使人心发狂，难得之货使人之行妨，五味使人之口爽②，五音使人之耳聋。是以圣人之治也，为腹不为目，故去彼取此。

解字：
①目明：精气聚集于目，浮于表面。②爽：败坏。

解文：
五彩缤纷的颜色使人心浮气躁；在田间驰骋狩猎使人内心发狂；难得的珍玩使人驻足流连；驳杂的滋味使人味觉失灵；嘈杂的声调使人听觉失聪。

所以圣人注重真实的生活，而不会注重这些感官享乐。所以我们也应有所取舍。

解意：
很多人向往着生活的潇洒，向往感官的享乐，向往事物的舒适便捷。似乎如此就超越了生活的平庸，促成了生活的标的，实现了自己的理想。

然而是否知道，享乐并不是生活真正的面目。感官的享乐是短暂而有限的，是有关大脑而非心灵。快感很容易消失，生活却在陷入更深的泥潭。

很多人将浮光掠影当作根基，将各种点缀当作真实。在时光之下，享乐只会使他们愈加逃避现实，只会使他们的触觉愈加地迟钝，只会使他们的精神愈加地麻醉，只会导致心灵的空虚和生命的倒退。

我们的根基是真实而全面的生活。所有的世事都有其存在的理由，所有的情感都是我们前行的基石。从生活中去感受、去分析、去坚守，我们才能得到真正只属于自己的收获，经历才能够丰富饱满，人生才能够精彩斑斓。

第五十七章

在真实的世事中去寄托我们的情感

宠辱若惊①，贵②大患若身。何谓宠辱若惊？宠之为下，得之若惊，失之若惊，是谓宠辱若惊。何谓贵大患若身？吾所以有大患者，为吾有身也；及吾无身，有何患？故贵为身于为天下，若可以托天下矣；爱以身为天下，汝③可以寄天下。

解字：
①惊：惊慌。②贵：重视。③汝：你。

解文：
置身于荣耀或者被湮没都会惊慌，忧虑于形象的贵贱就像自己有另一个身体。

为什么说荣耀也会惊慌？置身于荣耀并不是好事。得到时会惊慌，失去时也会惊慌。

为什么说忧虑于形象的贵贱就像有自己另一个身体？因为我们看重这一种身份，如果放弃这种身份的确认，又有什么好忧虑的呢。

所以我们更应关心真实的世事。像对待自己身体一样对待天下，则可承载天下的重担。像热爱自己的身体一样热爱天下，则可寄托于天下的精彩。

解意：

很多人都会在意外人的看法，希望得到他人的肯定；很多人都会在意外在的身份，希望维持外在的形象；很多人都会在意外在的光环，希望自己的声名显耀于外。

我们不知道的是，这些看法或者身份或者光环其实并非那么重要。很多时候，带给我们的不是快乐，而是一种包袱和束缚。

为了维护这些表象的事物，我们已经付出了太多。我们内心的想法被压抑，真实的追求被抵制，前行的脚步被绑缚。我们将自己放入不堪的境地，无论我们做什么，都将患得患失，犹豫不决。

内心强大的人不会在意别人怎么说、怎么看。我们的一切终将由事实加以定论，一切的眼光都将臣服于现实的存在。

所以需要忽略他人的眼光，放弃外在的光环，远离声名的枷锁，沉入当下的世事。当我们勇挑生活的重担，则可以不断地去承载更加重要的事物；当我们热爱我们的生活，则可以不断地去感受到世界的精彩。

第五十八章

在当下的世界中
去梳理和确认自我的人生

视之而弗见，名之曰夷。听之而弗闻，名之曰希。捪^①之而弗得，名之曰微。三者不可致计^②，故混而为一。一者，其上不皦^③，其下不昧^④。寻寻呵不可名也，复归于无物。是谓无状之状，无物之象，是谓惚恍^⑤。随而不见其后，迎而不见其首。执今之道，以御今之有，以知古始，是谓道纪^⑥。

解字：

①捪：抚摸。②计：考量。③皦：明亮。④昧：昏暗。⑤惚恍：混沌、模糊不清。⑥纪：头绪。

解文：

看它的样子看不见，叫作"夷"；听它的声音听不到，叫作"希"；摸它的形状摸不着，叫作"微"。这三者的形态无从考量，故以一个整体来说。

从这个整体来说，其上不会显得明亮，其下也不会显得昏暗，反复思量也无法定义，其结果重归于无物。可称为没有形状的事物，没有内容的景象，混混沌沌，模糊不清。分析其后面，看不到结果。分析其以往，也看不出由来。

根据当下的处事准则，处理好面对的种种事物，就可以归拢以往的种种情形，就可以清理出人生轨迹的头绪。

解意：

对于人生，我们看不到，听不到，也摸不到。人生就在那里，却无法去分析，无法去定义，永远都是混混沌沌、模糊不清的样子。

今日之我非昨日之我，明日之我非今日之我。我们的每一步都属于人生，然而所理解的一切都不是人生的最终面目；我们随时都可以对人生进行定义，然而从来就没有确切的、唯一的定义。

事实上，我们的人生只是当下的人生，我们的理解只是当下的理解。我们以当下去梳理以往的行为，以当下去规划自我的未来。我们以当下去确认以往的价值，以当下去认知自己的将来。

一切都可以重新定义，一切的理解都在于当下的我们。确立当下的态度才是面对人生的态度，做出当下的选择才是我们实现人生的关键。

不要为曾经而悔恨，不要为将来而迷惘。一切都是虚空，只有当下才是真实。把握好当下才能梳理人生的轨迹，才能锻造人生的丰厚，才能为自己的前行注满信心。

第五十九章

真正的智者都能在
世事跌宕中找到自己的人生

古之善为道者，微眇玄达，深不可志。夫唯不可志，故强为之容。曰：豫①呵其若冬涉水。犹②呵其若畏四邻。俨③呵其若客。涣④呵其若凌释。敦呵其若朴。混⑤呵其若浊。旷呵其若浴。浊而情之徐清，安以动之徐生。保此道不欲盈，夫唯不欲盈，是以能敝⑥而不成。

解字：

①豫：谨慎。②犹：警觉。③俨：庄严。④涣：消散。⑤混：混沌。⑥敝：终。

解文：

古时把握人生的人，对世界的理解微妙通达，深不可测。我勉强进行描述：

其行为谨慎，就像冬天踩着冰过河；其待物警觉，就像随时防备别人侵犯；其举止端庄，像在别人家里做客。

其处事柔和，就像冰凌在阳光下溶解。性格敦厚质朴，像一个平淡无名的人；行为和光同尘，像一个庸俗无知的人；胸怀空旷豁达，就像溪谷能够容纳万物。

他们能在杂乱不堪的环境中，梳理出具体的情景，以此澄清世事变化；能在静如死水的环境中，梳理出运动的方向，以此焕发新的生机。他们紧跟世事潮流，而看淡事物的成态。正是不拘于事物的定局成态，故能在事物终结时孕育新的始端。

解意：

智者行事，似乎并无不同。但是通过其言行举止、处事决断，我们就可以发现其阅历、其眼界、其胸怀、其敏锐、其城府。众人都在同样的环境下生活，但是智者的收获总是超越众生，智者的高度总是需要仰望。

什么样的人才是智者，其智虽在内心，却可以在言行上发现一些端倪。

在处事态度上，智者谨言慎行，出口必诺；智者心思敏锐，观察入微；智者老成持重，胸藏城府；智者宽厚柔和，润物无声。

生命贵在实现。这种方法才可以最大限度地沉入世事，判明事物的变端，找到自己的位置，求得更好的发展。以此态度去待人接物，则所处必然有所成就。

在对待人生上，智者敦厚质朴，而非傲气凌人；智者和光同尘，而非愤世嫉俗；智者心胸豁达，而非以己度人。

人生贵在行走，这种态度才可以全身心地投入自己的生活，默默体会世事流光，感悟旅程的精彩，实现自我的价值。以此态度去践行人生，则境界必然高于众生。

天下世事无不可变，不变的只有自己体会生活的心灵。在世事演变中，寻找自己的方向，迎合最佳的生机。在时光流转中，紧随事物的步伐，展现出不同的光彩。如此才能最大程度实现人生价值，如此才能显现超越平凡的智慧。

【第六十章】

守住自我的情感
就能够构筑属于自己的世界

致虚，极也。守情①，表②也。万物旁作，吾以观其复也。夫物云云，各复归于其根。曰情。情，是谓复命。复命常也，知常明也；不知常，妄。妄作，凶。知常容③，容乃公④，公乃王，王乃天⑤，天乃道，道乃久，没身不殆。

解字：

①情：情感。②表：通标，标准。③容：包容。④公：无私。⑤天：世界。

解文：

保持内心的虚空，就能够极目事物的边界。守住自己的情感，就能够守住行为的标准。

我默默体察万物的演化，感悟着生命的轮回。无论事物的生长多么繁复，都将回归其根本，这一根本可称作情感。情感，就是对生命的理解。

理解了生命就能知道自我的常在。知道常在就会实现

内心的清明，不知道常在就会陷入虚妄，因虚妄而发生行为，后果不可预测。

知道自己的常在就能包容世事轨迹，包容世事才能减损内心成见，以此做到处事得当，处事得当才能更好地契入世界，以此实现人生价值。实现价值才能发现自我的提升，以此构筑自我的世界。

人生的轨迹就是自我世界的不断充实，以此我们就有了走入客观世界的理由，找到了言行处事的依据，我们的人生就得以长久，终生不再留下遗憾。

解意：

与世界接触，我们总有自己的体验，有自己的理解。面对事物，我们感而后想，感而后受，感而后应，感而后化。一切的过程都是我们的体验，一切的理解都是我们的情感。

情感就是我们对世界的理解，情感就是我们对生命的回归。守住情感，我们就能守住行为的标准；脱离情感，无论我们做什么都毫无意义。

从自我的生命出发，就能理解我们所应行动的，所应完善的，所应坚守的。无论我们做什么，内心都能优容清明。否则，只会陷入虚妄，导致行动的失当和内心的迷茫。

守住自己的情感，就能理解生命的所在，以此，我们包容了世间事物的种种迹象。以此而非其他。

包容世间的万物，就能减损内心的成见，以此，我们找到了公允得当的处事方略。以此而非其他。

应对世事的得当，就能契入眼见的世界，以此，我们就在人生的舞台上实现价值。以此而非其他。

实现自我的价值，就能发现更新的自我，以此，我们就能构筑只属于自己的世界。以此而非其他。

这就是人生真正的含义，是我们生命的华彩，是我们精神的所在。

知道了这些，就知道了较之以往的不同，知道了经此一生的奥秘。无论我们在何时何地，以何身份，有何高下得失，我们都不会再有遗憾，都不会心存后悔。

实现篇

相信万物的主体地位才是最好的治理方式，一味地强调光辉的名义只能说明治理中的混乱。

——题记

如何更好地实现自己。要做的就是以处事的素与简去察觉真正的自己，将真实作为唯一的依托去守住自己的生活。

需知我们的情感才是行为最终的依据，去除偏颇的想法才能更好地应对世事，做好自己就是对天下万物最好的应对。我们的一切行为都将在现实中得到印证。我们的生命不断成长，直至可以演绎到世界的极致。

需知坚持人生中的沉重才能构筑生命的根本，所有的因素都可以是推动人生的力量。守住真实的自己就能够走出自己的人生，做好分内的事情就已经达到了我们处事的极致。

需知我们的实现是历练的唯一目的，亦知争斗从来不属于人生实现的方式。需要尊重事物的轨迹去协调万事万物，亦要将世事归拢到自己去寻找人生的内涵。当我们处理好轨迹中的事物，我们就能够不断发展自己。

轨迹的体用无穷无尽，循着自己的轨迹胜于其他的一切。用真实的情理去应对万物方可让万物回归秩序。

第六十一章

相信万物的主体地位
才是最好的治理方式

大上，下知有之。其次，亲誉之。其次，畏之。其下，侮之。信不足，安有不信。犹呵，其贵言也。成功遂事，而百姓谓我自然。

解文：

最好的施政，民众只是知道他的存在。次等的施政，民众亲近并赞美他。再次的施政，民众害怕他；最次的施政，民众轻侮他。

自己对治下的不信任，才会让治下产生不信任的想法。要警醒啊，这才是金玉良言，"我们成功实现了治理的目标，同时，民众也要觉得这是他们自己努力的结果。"

解意：

最好的治理是尊重治下的主体位置，治下知道自己要做什么，而非上位者的作用所致。其次的治理为治下耗尽了心力，治下感激其所做的贡献，亲近并赞美上位者。再次的治理采取严苛的制度，治下敬畏并害怕上位者。最次的治理胡乱作为，治下轻侮并抵制上位者。

　　须知万物的发展本自为之。所谓治理并不是为了掌控了治下的一切，只不过是在顺应和梳理。只有迎合了发展的趋势，才能找到治理的方向；只有梳理了内外的种种关系，才能挖掘治下的潜力；只有维护了最基础最迫切的需求，才能够发挥治理的功效。其余的一切，只不过是上位者的自我迷恋和臆想。

　　须知万物的主体位置，须知治理本应发生的作用。让治下找到自我的出路和努力的方向，让治下能以自我的努力实现目标，这样的治理才属于最佳的治理，这样的发展才是最好的发展。

第六十二章

一味地强调光辉的名义
只能说明治理中的混乱

故大道废，安有仁义。知快出，安有大伪。六亲不和，安有畜①兹②。邦家昏乱，安有贞臣。

解字：
①畜：积蓄。②兹：指代现实。

解文：
当社会失去规范，仁义勇为的行为就会凸显出来。当人们沉迷智巧，假大空的舆情就会凸显出来。当邻里亲戚产生矛盾，安分处事的人就会凸显出来。当政治混乱不堪，奉行忠节的大臣就会凸显出来。

解意：
要相信，万物都有其发展的轨迹，做好轨迹中的本分才能贯通理气，遵循轨迹中的种种才能调整时局。当万物正常地演化，世界是平和的。无须有仁义来应对暴虐，无须有安分来应对争斗，无须有忠臣来应对乱政，无须有虚假来理解认知。

　　光辉的名义只能说明治理中的混乱，概念的成型只是因为现实的扭曲。它反映了人们的景愿，却只是因为对现实的失望；它反映了人们的诉求，却只是因为在现实中束手无策。

第六十三章

以处事的素与简去察觉真正的自己

绝圣弃知，民利百负①。绝仁弃义，民复畜②兹③。绝巧弃利，盗贼无有。此三言也，以为文④未足，故令之有所属。见素抱朴，少私而寡欲，绝⑤学无忧。

解字：
①负：背负。②畜：积蓄。③兹：指代现实。④文：纹、修饰。⑤绝：摒弃。

解文：
放弃对圣人和认知的崇拜，民众的好处可以百倍增长；放弃对仁和义的宣扬，民众就能在现实中不断耕耘；放弃对珍奇和利益的撮取，就不会因这些物什产生盗贼。

这三种分析，尚未完整地表达我的想法。故归纳如下：保持单纯，拥抱真实；压制私心，减少欲求；拒绝理论学说的教化，以此才能去摆脱烦忧。

解意：

一切的发生都只不过是现实而已。只有直面事物的关窍才能找到解决问题的方法，只有承载现实中的事物才能找到自我的价值，只有梳理自我的轨迹才能找到行动的方向，只有通过现实中的表达才能发现真正的自己。

需要关注的只不过是此时此地的现实而已。所以，放弃对圣人和认知的崇拜，以此我们去承载更多的事物；放弃对仁和义的模仿，以此我们在现实中不断耕耘；放弃对珍奇和利益的追逐，以此我们在轨迹中找到合适的位置。

一切的考量只能从现实出发，一切的行为只能在现实中拓展。做好生活中的点滴已经是我们生活的全部，处事到达极致只不过是素与简而已。

真正需要坚持的并非其他，只是要保持单纯的心性，拥抱真实的世事；只是要去除私心，减去逾矩的诉求；只是婉拒理论学说的教化，从自我的生活中寻求价值。

如此，我们才能逐渐理解生活的真义，逐渐察觉轨迹中的变化。行为因此找到依据，价值因此逐渐生发。如此，我们才能够真正地摆脱烦忧。

第六十四章

将真实作为唯一的依托
去守住自己的生活

唯①与诃②，其相去几何？美与恶，其相去何若？人之所畏③，亦不可以不畏人。望呵，其未央哉！众人熙熙，若飨于大牢④，而春登台。我泊⑤焉未兆，若婴儿未咳⑥。累⑦呵，如无所归。众人皆有余，我独匮。我愚人之心也，沌沌呵。俗人昭昭，我独若昏呵。俗人察察⑧，我独闷闷呵。惚⑨呵，其若海。恍⑩呵，其若无所止。众人皆有以，我独顽以俚。我欲独异于人，而贵食母。

解字：

①唯：应诺。②诃：诘问。③畏：敬畏。④大牢：参加隆重的祭祀。⑤泊：漂泊。⑥咳：特指婴儿笑。⑦累：积累。⑧察察：急且迅。⑨惚：混沌、朦胧。⑩恍：渺茫。

解文：

别人的应诺或诘问，其中会有多大的区别。事物的美好或丑陋，其中又有多大的差距。当我们敬畏于外物的优劣，要知道我们自身同样需要敬畏。

看看周边的情形，我们迷恋于外物，从无尽头。我们熙熙攘攘，喧闹纷杂，就像参加隆重的祭祀，就像在春天登上高台。真正的自我却只是在漂泊，就像婴儿无法发出声音；如此地延续，就像找不到归宿。

我们看似争取了很多，自我却空落落的。自我是一颗愚蠢、混沌的心灵。当我们热衷于世界的美好，自我却是昏昏沉沉；当我们急切地追求，自我却止于内心的感受。

我们迎向这光怪陆离的世界，就像投身汹涌大海，永远没有停滞的时候。我们似乎找到了人生可靠的依托。但自我就是冥顽不化，自我与外在的我并不相同，它只会将真实作为唯一的依托。

解意：

重新理解我们自身，我们是谁，需要什么，在做什么。很多时候，我们为自己附加了太多的无用之物。急切地想拥有更多，事实上只是在给自己覆盖迷障；想变得更加丰富精彩，事实上只是在变得烦琐而冗杂。

我们追逐着外在的一切，似乎我们得到了一切，其实我们什么也没有。在忘乎所以的快乐之后，留下的只是麻醉而疲惫的身躯。我们的内心却在漂泊，却无所归依，被压抑得发不出声来。

是否可以想一想，应该敬畏的是外在的优劣，还是我们自己的感受；应该关注的是外在的得失，还是我们本身的所需。

睁开双眼，重新去定义外在。外在的丰富，只不过是在愉悦我们的耳目；外在的评价，只不过是敷设在表面的光环；外在的美好，只不过是诱惑我们的花朵。

　　无需为外物而悲喜，无需为自身而哀乐，平和地看待一切。沉下心来，体会真正的自己。做一个愚蠢的、混沌的人，做一个简单的、初始的人。将真实作为唯一。以最真实的反应去面对最直接的场景，以最简单的方式去做最简单的事情，以最初始的想法去实现初始的愿望。

　　如此就够了，如此的过程才是我们真正的生活；如此的结果才是我们所需要的结果。

第六十五章

我们的情感才是行为最终的依据

孔①德之容，惟道是从。道之物，唯恍唯惚。惚呵恍呵，中有象呵。恍呵惚呵，中有物呵。幼②呵鸣③呵，中有情呵；其情甚真，其中有信④。自今及古，其名不去，以顺众父⑤。吾何以知众父之然，以此。

解字：

①孔：洞、穿过，喻为可实现的。②幼：初始。③鸣：鸣咽。④信：约，必然。⑤父：始端。

解文：

可实现的德行，必然是遵循着人生中的法则。判断人生的种种，似乎恍恍惚惚，充斥着重重迷雾。然而我们却可以感受其中的景象，却可以发现某种确然的存在。

这些感受可能粗浅，可能鸣咽，却是我们对世界最为真实的情感。这些情感如此真实，隐含着世事交契中的某种必然。

从当下向往昔推论，这些情感从未消失。当我们去推测万物的发端，就可以发现这些情感的作用。同样，我之所以理解万物演化的方式，就是从人们的情感推而及之。

解意：

人生的种种，其实从无定论。世间的评判，从来都是众说纷纭。然而无论世事如何复杂多变，无论人生有多少重迷障，我们总能在世事的交契中感受确切的景象，形成自己的理解。

要相信，无论我们感受到什么，这些感受都是客观存在的景象；无论我们如何理解，这些理解都是我们清晰无误的领会。

这些就是我们最为真实的情感。

无论社会的导向是什么，无论思维的框架是什么，我们的情感都是真实不虚。无论是在张扬还是压制，我们的情感始终都在那里；无论是在顺应还是干扰，我们的情感始终都会发生作用。

我们的情感才是行为最终的依据。

所以我们做出德行，必然需要遵道而为；我们遵道而为，必然将情感作为依据。相信自我的情感，其实就是相信自我的人生；坚持自我的情感，其实就是坚持自我的人生；遵循情感的判断，其实就是遵循轨迹的德行。

第六十六章

去除偏颇的想法才能更好地应对世事

炊者不立，自视不彰，自见者不明，自伐者无功，自矜者不长。其在道，曰余食赘行，物或恶之，故有欲者弗居。

解文：

整天卑躬屈膝的人无法树立正面的形象，经常自以为是的人无法展现正确的生活，喜欢自我表现的人无法认识真正的自己，陷入自我否定的人无法逐步成长，自命高人一等的人很快被现实击垮。

在事物的发展中，这些行为都是生活的累赘，都会在现实中碰壁。所以有所追求的人都不会做。

解意：

有的人习惯于卑躬屈膝，有的人习惯于自以为是，有的人习惯于到处表现，有的人陷入自我否定的误区，有的人沉醉于高人一等的光环。却不知道，这些都是想法上的错觉，无益于行动，也无益于自我的价值。

从人生的角度观察，每一个人都是一个独立的主体，每一个人都拥有生命的精彩，每一个人都在道路上不断寻觅，每一个人都能够创造属于自己的成功。

不要陷入自卑，我们的人生本就已经完整；不要自以为是，世界的辽阔远非我们想象；不要精于表现，只会在表现中失去根本；不要自我否定，每一段经历都弥足珍贵；不要自命清高，只会在虚假的感官中沉沦。

种种偏颇的想法，其实都是自我的某种迷障，都是自我构筑的虚妄，只会导致世事中的偏颇，只会让别人冷眼看轻。所以，若要走出人生的顺畅，必须摆脱种种想法上的累赘，以正确的态度应对世事，以完整的姿态投入生活。

第六十七章

做好自己就是对天下万物最好的应对

　　曲则金，枉则定，洼则盈，敝则新，少则得，多则惑。是以圣人执一，以为天下牧。不自视故彰，不自见故明，不自伐故有功，弗矜故能长。夫唯不争，故莫能与之争。古之所谓曲金者，几语哉！诚金归之。

解文：

　　曲折才显得可贵，扭曲才容易稳定，低洼才容纳更多，陈旧才促进更新，舍去多余的才能收获，无限地索取反而迷惑。

　　所以圣人在世事中坚持做好自己，就能够应对天下万物。不自以为是故能正确地实现，不自我表现故能认清自己，不自我否定故能找到属于自己的价值，不自命清高故能找到现实中的方向。

　　以自己的方式去追求进步，而不与人较量长短，其势最为顺畅，天下亦无法与之相争。古时所谓的曲折可贵，确实有它的道理，可为金玉良言。

解意：

不必对世事斥以各种情绪，事物的存在自有其特定的因由。需要在意的不是世事的蒙昧或光明，而是我们的态度和理解。

要相信，上天给了我们漫长的岁月，并不是让我们如白纸般滑过一生。高低起伏才能显现生命的姿彩。生活的激流会给我们无限的想象，时运的高低会给我们展现的舞台。

所以，世事的曲折其实是推动我们前行的力量；时局的扭曲才是最符合当下的状态；趋势的低洼才能够去充填新的物质；事物的陈旧才有了更新的理由。

所以，施施然保持自己的方式就行了，无论外界的情形是高是低，是明是昧。以自己的方式去追逐和奔跑。将一切的外在都作为自己展现的舞台。

放弃自以为是，如此才能承载事物；放弃自我表现，如此才能认清自己；放弃自我否定，如此才能找到属于自己的价值，放弃自命清高，如此才能抓住现实的边沿。

不用理会别人，也不用和别人较量长短。除了自己的人生，其余的一切都毫无关系。我们只是在历练，在接纳，在承载，在进步。我们不与人争，别人的争斗也将毫无意义。

第六十八章

我们的一切行为都将在现实中得到印证

希言，自然。飘风不终朝，暴雨不终日。孰为此？天地而弗能久有，况于人乎！故从事而道者同于道，德者同于德，失者同于失。同于德者，道亦德之。同于失者，道亦失之。

解文：

少些定性的判断，保持自然的状态。飘风不会朝晚持续，暴雨不会每天发生。说明什么？天地间的风物都不会长久，何况人呢？

所以处事遵循事理就能找到出路，行为选择恰当就能得到善果，处事不加分析结果亦将难以预测。

行为的善果，亦是人生的丰盛；行为的失败，亦是人生的挫折。

解意：

天地之间没有一成不变的事物，一切的境遇都将成为过往。就像风雨不会持续整天，就像苦难不会伴随终生。

我们无需对外界形成定性的判断，无需拘泥于一时的高低荣辱，无需为一时的境遇而进退两难。

　　保持自然的状态，形成自我的人生。要相信，我们专注于自己的人生，就能收获人生的馈赠；我们专注于自己的德行，就能收获德行带来的善果；而我们处事不加分析、荒废度日，亦将被生活所处罚。

　　一切都将在现实中得到印证，一切都属于人生的组成。当我们收获了德行所带来的善果，亦将感受到人生的精彩和丰盛；当我们被生活所处罚，亦即是人生中灰暗的显现。

第六十九章

我们的生命不断成长，
直至可以演绎到世界的极致

有物昆①成，先天地生。绣②呵缪③呵，独立而不改，可以为天地母。吾未知其名，字之曰道。吾强为之名曰大，大曰筮④，筮曰远，远曰反。道大，天大，地大，王亦大。国中有四大，而王居一焉。人法地，地法天，天法道，道法自然。

解字：

①昆：同。②绣：五彩缤纷。③缪：缠绕。④筮：占卜、推演。

解文：

有一种事物和万物同生，在天地之前就已经存在。这种事物五彩缤纷，纠缠不休。它的运行独立而客观，非外力可以强行改变。这种事物可以成为万物生发的依据。

我无法对其进行定义，只能用字面表述为"道"。我勉强作将其定义为"大"。我因为其大则可顺利推演，因为推演则可步入深远，因为深远则可知物我的关系必然改变。

我们所能理解的伟大，分别是"道""天""地""王"。我们人生价值的实现达到顶点，可称为"王"，位列四大之一。

从中可以发现其不变的关系。我们的发展循着人事的事理；人事的事理循着世界的天理；世界的天理循着其万物演化的道理；万物的演化循着内外的关系，自然生发。

解意：

我们生活在这个世界，面对各种人事，发生各种关系。我们可以发现什么？其实万物的关系就是轨迹的交错，万物的演化就是轨迹的呈现。

用超然的眼光进行观察，万事万物皆为表象，只是其中的轨迹操控着发生作用。轨迹就是事物背后的主宰，就是万物生发的依据。它的存在使世界显现出千般变化，万般精彩。

如果回到事物的原点，我们会发现一切的定义都是多余的。只是知道事物的轨迹客观而冷漠的运行。

这时候我们摒弃了狭隘偏见，我们轨迹的呈现则可定义为"大"。当我们透过时空的束缚，不断地推演，不断地走向深远，我们会发现所有的一切终将改变。事物向我们靠近、交契、远离。我们所发生的关系都只不过是其中的某种因果、某种缘分。

极目远眺，我们所能理解的伟大。一是轨迹，万物生发的依据；二是世界，诸般精彩的所在；三是大地，养育生命的福祉。

我们不断地追求，不断地成长，我们希望实现，希望表达，将我们的轨迹刻画得愈加精彩，将我们的生命演绎到极限。我们以人种的智慧，以内心的所得，来使自己的世界不断丰富，使我们的内心愈加高远。这时候我们与万物同心，与天地看齐，达到世界的极致，突然就发现，我们其实亦可列于世界最为伟大的之一。

　　其中，我们面对周边的人事，处理相应的关节。而后知世事的发展受限于世界的趋势，世界的大势无可阻挡。而后知趋势的存在来自万物的生发，万物的洪流构筑了世界的潮流。而后知万物的生发循着内外的所需，自然地成型。

　　如此，我们就能够不断地融入世事，找到自己存在的方式，找到理解外物的途径。我们从其心而随其欲，却能紧紧贴合世事，不断扩大承载，不断铸造人生。

第七十章

坚持人生中的沉重才能构筑生命的根本

重为轻根，清为躁君。是以君子终日行，不离其辎重。唯有環官①，燕处则昭②若。若何万乘之王，而以身轻于天下？轻则失本，躁则失君。

解字：

①環官：圆形的顶篷。②昭：明亮。

解文：

沉重是轻灵的根基，清静是躁动的主君。君子整天忙碌于事务，却始终不离其所携带的辎重。唯有以人生中的沉重来应对世事，处事才能举重若轻、正大光明。

如果是一国之主，更加要知道自己所背负的沉重，绝不能以草率应对天下。轻率则会失去根基，躁动则会失去行为的主君。

解意：

要知道，决定生命质量的绝不是那些自由、潇洒、轻松和躁动。那些浮于表面的事物只会让我们变得虚幻，无所依托，失去属于自己的方向。

真正发生作用的其实是我们人生中的那一份沉重。坚持人生中的沉重才能构筑生命的根本，坚持清静的心态才能找到行为的方式。所谓君子，看起来举重若轻、正大光明。就是因为他们找到了属于自己的那一份坚守与深沉。

世人莫不如此。谨小慎微地对待生活中的事物，以如履薄冰之感去迎接每一次挑战，如此才会踏出属于自己的光明之路。一味地躁动与轻浮，并不能得到什么，只是愧对于自己所拥有的生命，只是如浮萍般四处游荡着的微烛。

第七十一章

所有的因素都可以是推动人生的力量

善行无辙迹①，善言无瑕谪②。善数者不用筹策。善闭者无关钥③而不可启也。善结者无绳约④而不可解也。是以圣人恒善述⑤人，而无弃人，物无弃材，是谓曳⑥明。故善人，善人之师；不善人，善人之资也。不贵其师，不爱其资，唯知乎大眯⑦，是谓眇要。

解字：

①辙迹：车轮印。②瑕谪：瑕疵。③关钥：栓销。④绳约：绳索。⑤述：匹配。⑥曳：牵引。⑦眯：迷乱。

解文：

擅于开车的看不见车轮印，擅于交谈的挑不出语病，擅于算数的不用筹策摆排，擅于锁门的不用栓销而人不可启，擅于捆绑的不用绳索而人不可解。

故圣人处事只会因材而用，而不会视人为废人，视物为废物，这都是朝着内心清明的途径。 所以善人，能成为我们的老师，不善人也是世事选择的资本。不尊敬老师，不爱惜资本，看似聪明却是内心的迷糊，这就是看待事物时精深微妙的地方。

解意：

我们有顺境，也有逆境；有得意，也有失意。世事有有利的，也有不利的；有取悦我们的，也有诋毁我们的。一切的世事犹如起伏的山峦，高低不平，兀自在我们眼前。

人们常常乐见于所喜爱的事物、有利的事物；害怕逆境，害怕失意。他们看似在作出正确的选择，事实上只是印证了内心的迷糊。

智者不会悲喜于外在的环境，他相信一切的运作都有其中的缘由，一切的事物都有其可取之处。重要的不是事物的现状，而是我们对待事物的方式；重要的不是事物的顺逆，而是我们可以从中汲取养分。

除我之外，皆为云烟。应该做的只是始终持以正面的态度，平和地看待眼前的一切。在顺境中感悟生活的精彩，在逆境中磨砺自我的意志。要相信，所有的因素都可以是推动人生的力量，成败只归属于我们自己。如此才是对待世事精深微妙的地方。

第七十二章

守住真实的自己就能够走出自己的人生

知其雄，守其雌，为天下溪。为天下溪，恒①德不离。恒德不离，复归婴儿。知其荣，守其辱，为天下浴。为天下浴，恒德乃足。恒德乃足，复归于朴②。知其白，守其黑，为天下式。为天下式，恒德不贰③。恒德不贰，复归于无极。朴散则为器④，圣人用则为官长⑤，夫大制⑥无割。

解字：

①恒：全面、周备。②朴：未经加工的木材。③贰：外求于物。④器：具体器物。⑤官长：根据各人的长处来各当其任。⑥大制：造化之物。

解文：

知道什么是雄强，却守于雌伏，就会成为天下的溪流，成为天下的溪流，就会持久地保持周备的德行，持久地保持德行，就会回归婴儿的纯净。

知道什么是荣耀，却守于湮没，就会成为天下的溪谷，成为天下的溪谷，持久的德行更加充足，德行的充足就会

回归真实。

知道什么是光明，却守住黑暗，就会成为天下新的法式，成就天下的法式，德行就无需外求，德行的自足，人生的轨迹就会实现自觉。

将真实的姿态转化为具体的行为，圣人就能以不同人的性情加以分工。因为真正的造化之物是浑然一体，无法割裂的。

解意：

当我们知道什么是雄强，却安于雌伏。如此地沉静下来，却能更好地找到自己的位置。如此地发生行为，却能使德行更加地周备。我们不断地修持，心灵逐渐如婴儿般纯净。

当我们知道什么是荣耀，却安于湮没。如此地抛弃光环，却能更好地汇聚事物。如此地发生行为，却能使德行更加地充足。我们保持归零的心态，以此去触摸当下的真实。

当我们知道什么是光明，却安于黑暗。如此地放弃仰望，却能成为天下新的法式。如此地发生行为，就无需再模仿外界的言行。我们从自我的世界出发，人生的轨迹就会实现自觉。

需要重新去定义这个世界。所有的外在其实都与我们无关，愈是向外追逐愈是离自己遥远。我们的人生只能从内心找寻，我们的成长只是属于自己。当我们放弃了外在的雄强，才能够更好地定位自己；当我们放弃了外在的荣耀，才能够触摸当下的真实，当我们放弃了外在的光明，才能够找到适合自己的法式。

要相信，天下世事无法割裂，也没有固定不变的概念。

世事的高下只是在变化中衡量，行为的对错只能在时局中显现。我们的担心毫无必要，我们的困扰只是庸人自扰。做真实的自己，其余的与我们并无关系。如此已经足够走出人生的坦途，如此已经足够不断地实现自己。

第七十三章

做好分内的事情
已经达到了我们处事的极致

将欲取天下而为之，吾见其弗得已。夫天下神器也，非可为者也。为者败之，执者失之。物或行或随，或炅①或吹②，或强或挫，或坏或撔③。是以圣人去甚，去大，去楮④。

解字：

①炅：热。②吹：吹气。③撔：抚摸、抚平。④楮：极端。

解文：

若有人以某种方式控制整个天下，我认为这不可能实现。天下是万物生发的所在，是超过我们理解的神器，不可能以努力加以操控。僭越它的人必将失败，操控它的人也终将失去。

天下事物各不相同，有的先行一步，有的跟随大流；有的热火朝天，有的捣乱拆台；有的雄心壮志，有的心灰意懒；有的雪上加霜，有的雪中送炭。所以圣人会去掉过度过分的想法、贪多求大的想法、尽善尽美的想法。

解意：

要相信，我们永远只能代表自己，所做的事情只能操控在自己处事的范围。超过我们能力范围的只能交付给时势的变化。那些操控时局的，即使能在当下慑服时局，也不会知道时局正在以另一种方式改变；即使能给时局规划出路，也不会知道心中的时局正在远离。

世上有先行者，自然有后知者；有建设者，自然有破坏者；有奋发者，自然有懒惰者；有馈赠者，自然有剥夺者。我们无法一直左右局面，无法将世事控制在自己掌心。我们所努力的一切，都只是在让自己得到实现，而不是时局发展的某种必然。

要相信，世界之大不可能让我们真正看清，万物的纠缠永远都处于不可预知的方向。做好分内的事情已经达到了我们处事的极致，在时势需要的范围追求已经是我们努力的终点。所以需要放弃过度过分的想法，放弃贪多求大的想法，放弃尽善尽美的想法。

第七十四章

我们的实现是历练的唯一目的

以道佐人主，不以兵强于天下，其事好还。师之所居，荆棘生之。善者果而已矣，毋以取强焉。果而勿骄，果而勿矜，果而勿伐，果而勿得已居，是谓果而不强。物壮而老，是谓之不道，不道早已。

解文：

君主遵循事物发展的道理，而非凭借兵锋欺凌天下，那他的事业也就留有余地。兵锋所指，造就的只有一片荒芜。正确的做法是为了达到目的，不要以兵锋显示自己的强势。

达到目的却不骄傲，不自大。达到目的不是为了征伐，而是不得已而为之。这样就叫达到目的却不取强。事物如果过于取强必然易于衰老，这是所谓的偏离轨迹。偏离了轨迹，离失败也就不远了。

解意：

当我们应对各种世事，做出各种行为，要清楚地知道：我们的行为只是在追求自我的成功，我们的成功只是在人生道路的实现，我们的实现只是在世界上历练的唯一目的。

所以实现了就行了，其余的均为多余之物。多余的追求只会偏离自我的轨迹，偏离了轨迹只会导致自我的失败。

要牢记自己的初心，将初心的实现作为成功的终点。不要因为成功而耀武扬威，不要因为成功而自命不凡，不要因为成功而自夸其能，不要因为成功而凌霸弱小。

世事交错中，我们更应该关注是否打压了别人，是否伤害了别人。我们改变世事时，就应该知晓行为的尺度；我们影响他人时，就应该怀有悲悯的心态。

如此才能找到人生正当的途径，找到轨迹演化的方式。如此才能得到世事的恩赏，得到理解和宽容，才能承载更多的事物，实现人生的跨越。

第七十五章

争斗从来不属于人生实现的方式

夫兵者，不祥之器。物或恶之，故有欲者弗居。君子居则贵左，用兵则贵右。故兵者非君子之器也，兵者不祥之器也，不得已而用之，铦^①袭为上。勿美也，若美之，是乐杀人也。夫乐杀人，不可以得志于天下矣。是以吉事尚左，丧事尚右。是以偏将军居左，上将军居右。言以丧礼居之也。杀人众，以悲哀莅之。战胜，以丧礼处之。

解字：
①铦：锋利。

解文：
用兵属于不祥的事物，事物的正常发展必定厌恶。所以有所追求的人不会轻易用兵。

我们都推崇谦谦君子，而不推崇征战四方的将军。君子是不会轻易动用兵锋的。兵锋是不祥之物，就算他用了，也是不得已而为之，且以雷霆之势解决问题。不要将用兵作为乐趣，若如此，他就是失去人性的偏执狂，这样的人永远不可能得到人们的拥戴。

所以尽量促成正常的沟通，而不是以强势凌辱别人。所以尽量把用兵压制在一定限度，而不是整天想着开疆掠土。一旦战争给社会带来伤害，一定要明白这是战争双方共同的悲哀。就算赢得了战争，也应该以丧礼作为终结。

解意：

很多人喜欢以争斗来证明自己。事实上，争斗只会让思维陷入定势，从狭隘走向更加狭隘；争斗只会成就一时的优劣，所收获的将在即刻间消散；争斗只会占据宝贵的时光，却辜负了生命用心的安排。

不要以争斗为乐，不要把争斗作为自我的实现的方式。人生的实现从来就不是外界对于高下的评判，从来都不是所争取的输赢结果。实现是我们行走的过程，是在行走中的某种领略，是在激流中的某种光彩。

需要重新衡量自我与外界的关系。轨迹与轨迹的交错有很多种方式。我们要做的不是在交互中一较输赢，而是在交互中汲取养分，不断地使自己得到滋养。

只有在受到侵犯时，在无可拒绝时，才将争斗纳入行动的范畴。以雷霆之势解决问题，并理解因为争斗给双方带来的伤害，将其结果作为双方的悲哀。

第七十六章

尊重事物的轨迹去协调万事万物

道恒无名、朴、唯小而天下弗敢臣。侯王若能守之，万物将自宾[1]。天地相合，以雨甘露，民莫之令而自均焉。始制有名，名亦既有，夫亦将知止，知止所以不殆[2]。俾[3]道之在天下也，犹小浴之与江海也。

解字：
①宾：宾服。②殆：困顿。③俾：从属。

解文：
万物的轨迹永远都是无法定义的，是真实而客观的。轨迹隐藏在世名背后却是万物演化的必然。侯王若尊重万物演化的轨迹，万物就会自行呈现出合理的秩序。

天地交感，其甘露泽披万物。不必规定，其恩泽却能分配均匀。万物的生发都有其天然的名分，知道了发展的名分，就知道了生发的空间，知道了空间的尽端就会收敛而不困顿。

天地之间，任何的外在与事物的轨迹比较，其关系都如溪谷之于江海。

解意：

要相信，天地之间所呈现出的万事万物都有其存在的理由。在其扎根的土壤上，竞相向上伸展枝叶，展现蓬勃的姿态。要相信，事物的存在都是上天在某时某地做出的选择，事物的发展是其生而自由自主的权利。

万物的名分是天定的名分，万物的空间是天定的空间。事物若遵照自己的名分，挖掘自己的潜力，就能知道自己行动的界限，就能找到己身的价值，就能知止而不困顿。

守住自己的轨迹，就守住了世界所提供的舞台，守住了生命中最为强大的所在。与事物的轨迹相比，任何的外在都不足道，其关系犹如江海之于溪谷。

我们若要更好地走进世界，则需要尊重事物的轨迹，敬畏世界的演化。以此，自然能够得到世界的认可，走出人生的坦途。我们若要协调万物的秩序，则需要理解万物的名分，平衡万物的关系。以此，万物自然可以焕发出生机，世界自然可以呈现合理的秩序。

第七十七章

将世事归拢到自己去寻找人生的内涵

知人者知也，自知者明也。胜人者有力也，自胜者强也。知足者富也。强行者有志也。不失其所者久也，死不忘^①者寿也。

解字：
①忘：心亡，内心的丧失。

解文：
了解别人说明他头脑的聪明，了解自己说明内心的清明；战胜别人说明力量的强大，战胜自己说明内心的强盛；知道满足的人才是富有的人；事不可为依然勉力前行的人才是有心志的人；面对诱惑依然守住本分的人才能够长久；面对死亡依然内心安详的人才叫长寿。

解意：
历练我们的人生，我们会发现，一切的世事终将散去，无论是悲是喜，是荣是辱，是富是贫。我们从中得到什么，得到的只有人生中的光彩，一路不同的风景。

不必过于纠缠世事中的高下对错，时间的长河会抹消一切，不必过于执着生活中的荣辱贫富，外在的优劣与自己并无关系。

所需发展的只有自己，所需依靠的终归自己，所需挑战的仍是自己。我们应该担忧的不是其他，而是生活的一成不变，重复再重复；而是面对世界的冷漠，无趣中的无趣。来到了这个世界，似乎又没有来到这个世界。

处理一切世事，解决一切难题，其实就是为了实现自己。

把一切都归拢到自己，找到人生的真正内涵。要相信，没有了自己，就没有了这个世界；没有了自己，就没有了一切风景。自知优于知人，自知才能定位人生。自胜优于胜人，自胜才能掌控生命。知足优于贪欲，知足才能真正拥有。自强优于平庸，自强方可闪烁光芒。守住本分，自我的本分才是进退的依据。守住内心，自我的内心才是生命的所在。

如此，我们找到了前进和坚守，找到了起点和终点，找到了争取和放弃。如此，才能无愧于我们的存在，无愧于我们的生命。

第七十八章

处理好轨迹中的事物
就能够不断发展自己

道泛呵，其可左右也。成功遂事而弗名有也。万物归焉而弗为主，则恒无欲也，可名于小。万物归焉而弗为主，可名于大。是以圣人之能成大也，以其不为大也，故能成大。

解文：

我们所面对的一切都是轨迹的所在，而不用专门去寻找轨迹；我们所成功的都是具体的人事，而不用去归功于轨迹的作用。

轨迹在万物归拢其间却不会称为主宰，没有任何要求，可极言其微小。在万物归拢其间却不为主宰，可极言其伟大。

圣人能够站在世界的高峰，就是因为他在自我的轨迹中默默生发，终究会达到我们无法仰望的境界。

解意：

面对着周边的事物，我们的行动一步步展开，发现了内外的关系，找到了相互的需求，达成了自我的目标。在这其中，我们会发现物与物之间总有着恒久的关系，我们的行为总有着需要遵守的法则。

要知道，事物的关系其实是轨迹的交错，事物的法则其实是轨迹的限制。

我们面对的一切都是轨迹的具象，我们所有的成功都是顺应了轨迹。极言其微小，是因为我们的一切都来源于具体的人事，处理好具体的人事就是我们的一切；极言其伟大，是因为轨迹是一切事物背后的主宰，探究事物的轨迹才能到达理解事物的终点。

要知道，一个人最好的发展并没有其他，只是按照自己发展的方式，将眼前的事情处理得更加圆满。以此不断地摸索，不断地探知，直至触及行为的极限；以此不断地成长，不断地进阶，直至达到人们无法想象的境界。

【第七十九章】

轨迹的体用无穷无尽

执大象，天下往。往而不害，安平太。乐与饵，过客止。故道之出言也，曰淡呵其无味也。视之不足见也，听之不足闻也，用之不可既①也。

解字：

①既：尽。

解文：

我根据对大道的理解，在天下四处游历。无论我做什么，都未曾对别人造成伤害。

我安享着平和稳定的生活，人们用音乐与美食挽留下来。我就开始讲解我对道的理解。"道"之一说平淡无味，目测而不见，耳闻而不觉。却可以得到无穷无尽的益处。

解意：

轨迹隐藏在事物的背后，渺然无踪。它无法看见，无法触及，无法丰富我们的生活，无法给予我们帮助，无法赋予我们光彩。似乎与我们毫无关系，用不着也顾不上。

然而，轨迹是万物归拢之地，是万物生发的依据，是万物背后的主宰。其大，需要我们在不断地追求中感悟。其远，一直站在高处默默地等待。

当我们用尽一生去追求、去感悟、去理解，我们终将发现其中的深奥不可道尽，其中的体用无际无边。

179

第八十章

循着自己的轨迹胜于其他的一切

将欲歙①之，必故张之；将欲弱之，必故强之；将欲去之，必故与②之；将欲夺之，必故予之。是谓微③明。柔弱胜强。鱼不脱于渊，邦利器不可以视人。

解字：

①歙：收敛、闭合。②与：交接。③微：微妙。

解文：

要闭合它，先要扩张它；要削弱它，先要增强它；要抛弃它，先要交接它；要剥夺它，先要赠与它。这些都是道理的微妙之处。

柔弱的姿态能够战胜强大，只要事物遵循着自我的轨迹。鱼儿离不开水，水是其最大的依仗；国家的利器并非用来显耀，所显耀的只是在印证根基的虚弱。

解意：

我们的人生无须理会更多，无须理会外在的名目，无须理会与我们无关的事物，无须理会打压、夸耀、轻视、恭维、宣导、诱惑。

现实的内外因素已经给了全部的依据。循着具体的生活逐步向前，自然地应对周边的人事，无物可以撼动我们的位置，无人可以抹杀我们的价值。

我们的失败、困扰、堕落、虚弱，所有的负面因素都是因为眼睛朝着外面。

当我们显扬于外，其实正在被消磨自己，当我们强势无比，其实正在被削弱根基；当我们拥有愈多，其实所拥有的正在逐渐减少；当我们如愿以偿，其实所获得的终将离去。

不要偏离自己的轨迹，一切的外在都隐含着危险，轨迹中的事物才是我们最大的依仗；不要显耀自己的存在，自己的状态与他人无关，自己的珍贵只在于自己是世界上的唯一。

我们的存在不管是弱是强，外界的因素不管是利是害，都要紧紧守住自己的轨迹。如此就能守住生命最为强大的所在，就能得到人生最为真实的光彩。

第八十一章

用真实的情理去应对万物
方可让万物回归秩序

道恒无名，侯王若能守之，万物将自化。化而欲作，吾将阗①之以无名之朴。阗之以无名之朴，夫将不辱②。不辱以情，天地将自正。

解字：

①阗：充满、包容。②辱：埋没。

解文：

万物的轨迹永远都无法以名目定义。侯王若能尊重和迎合万物的轨迹，万物就能够自行地实现演化。

事物若在演化中逾矩作为，我将在它身边填满合乎情理的真实因素，当它受到情理的自然制约，其展现就会回归正常。

当万物的性情得到正常地体现，天下的秩序就自然形成，大势的演化就自然正常。

解意：

要相信，万物均可命名，唯轨迹无法定义。我们应对一切事物，处理一切事情，所要做的就是找到和遵循事物的轨迹，以此我们就找到了应对事物的方法，找到了处理事情的方式。

要相信，当我们应对外界，从来就不能依靠书本的说辞，不能依靠社会的教化，不能依靠以往的经验，不能依靠美好的景愿，不能依靠心中的成见。一切都不足为凭，一切都是虚妄。

放弃一切的定义去寻找事物的轨迹，放弃一切的定势去理解真实的情理。当我们找到了事物的轨迹，就找到了应对的方法；当我们发现了真实的情理，就发现了处理事情的关键。

世界空旷寥廓，万物争奇斗艳。当事物逾越了自己的位置，只有在客观的空间上束缚它，只有以真实的情理来疏导它。以此，则可让事物的行为回归秩序，让事物的展现回归正常。以此，方可让万物安分于自己存在的方式，让世界的演化稳定而有序。